辛華——著

人際斷捨離

run away from toxic relationships

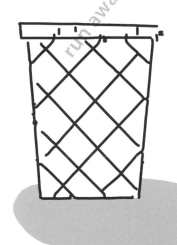

學校沒教，但社群時代必修的人際關係整頓課

（隨書附贈：「負能量去去走」任意貼）

目錄／Contents

| 第三章

整理人際關係的邏輯
如何制訂科學的人際斷捨離計畫

| 第四章

清理人際關係的死角
如何應對難搞的情況

第五章

瀟灑地抽身
高效斷捨離的實用方法

第六章

提升心靈世界的舒適度
如何斷捨離改善人際關係

不為滿足別人而活
如何防止人際關係惡性反彈

作者序

「你現在還有結交新朋友的渴望嗎？」

「你會直接拒絕不想參加的邀約嗎？」

「你願意為了融入圈子，主動找話題聊天嗎？」

「你願意在社交關係中照顧他人的情緒嗎？」

「目前的人際關係讓你覺得累嗎？」

當我向很多人問起這些問題的時候，得到的幾乎都是「人際關係太累了！」、「不想花太多心思社交」，諸如此類的答案。

不知道從什麼時候開始，社交變成了一種消耗，維繫人際關係也讓人越來越疲憊，人們在社交中很難獲得快樂和幸福感。不愛社交，又不得不社交，因此越來越多人在這種困境中不斷掙扎。

我有個朋友，她的朋友很多，每天飯局邀約不斷，她不斷地維繫各種人際關係，為自己儲備人脈。她習慣了

這種生活，覺得這是一種成功，可是有一天，她發現自己常常為了朋友們的各種事情忙得焦頭爛額；她注意到自己經常在深夜裡拖著疲累的身軀回家；她看到自己的書架上積了不少灰塵；她想到自己規劃的很多事情都沒有完成……。

這時的她才驚覺，身處於人群中的她好像沒那麼快樂，明明花了不少精力經營社交，真正屬於自己的時間卻少之又少。於是，她認真審視現有的人際關係後，發現自己甚至不太確定為什麼要這麼努力去維繫。

沒錯，那個「朋友」就是我，曾經的我，另一個我。我開始思考，這種疲憊感的真正原因是什麼。

社交本身不是件錯事，人際關係有時候會在人生的關鍵時刻給予我們助力。但當它的作用從提升自我變成消耗自我時，便會讓人覺得心累、反感、不快樂，無法再提供任何現實價值和情緒價值。

要怎樣才能從這種疲憊中抽離出來？此時，梳理人際關係、捨棄劣質社交，便成了迫在眉睫的事。

人類是高度社會化的物種，每個人從出生那刻起便不斷與他人產生聯繫，社交就如同衣食住行般重要。即便社交很重要，但比起不斷社交，如何疏解社交中的疲憊感，反而更重要。

告別無效社交，好好「清理」與人的關係，是通往高層次人生境界的一條途徑，也是本書的意義所在。

扔東西、整理物品，可以提升生活品質；同樣地，用「斷捨離」的方式整理人際關係，也是減輕人生負擔的高效選擇。

所以，要想獲得高品質的人生，我們應該學會鬆綁人際關係，將重要的心靈空間清掃乾淨，制訂科學的人際斷捨離計畫，探尋如何輕鬆應對各式社交難題，找尋真正的自我。藉由不斷改善人際關係的質量，最終形成輕鬆、舒適、高效的社交方式。

「合群」從來不是一個人的標配。有時候，一個人的時光，反而會帶給我們意想不到的快樂和滿足。

第一章

人際關係的「綁匪」

是什麼讓你的社交如此疲憊

run away from toxic

relationships

① 交友廣泛的「孤獨病」患者

城市裡熙熙攘攘，到處都是孤獨的人。

為了排解孤獨，很多人廣交朋友，大家似乎都認為朋友能趕走孤獨，所以我們透過社交，彼此取暖。

很多人在聚會上談笑風生，人群四散後卻只感到疲憊和空虛。也有人四處參加活動、建立人脈、忙於應酬，真正需要幫助時卻四處碰壁。**廣泛交友並不能消除一個人的孤獨，短暫的熱鬧也無法排解心底的孤寂。**

所以，城市中有越來越多交友廣泛的「孤獨病」患者。朋友越多，內心似乎越孤寂。在如此強烈的反差下，人們對社交充滿失望。

接納孤獨的常態，學會和自己相處

社會是一張人與人交織而成的網，每個人都身處不同的社會關係中，與不同的人產生或近或遠的聯繫。**我們習慣與人相處，卻常常忽視與自己相處的重要性。**

獨處時，他們無所適從，做什麼都覺得無趣；心情不好時也無處發洩，越來越苦悶……於是只能在各式各樣的社交活動中找尋出路。

很多人害怕孤獨，排斥孤獨，本質上是拒絕和自己相處。但是大多數時候，社交能填滿的只是時間，卻填不平內心深處的空虛和孤獨。

與其向外尋求陪伴，不如向內充盈內心。

內心的豐富，需要由外向內澆灌。和自己溝通、支持自己，制訂各種計畫，做有意義或有趣的事。先讓自己的生活豐富起來，這些在生活中積聚的力量會滲透內心的土壤，長出一片獨特的風景。

如果你有自己的興趣愛好，那就盡情去做吧！把獨處

的時間用在發展興趣愛好上，無論是讀書、繪畫、跑步
……都會讓你感到充實快樂。

如果你有一個計畫，那就大膽去執行吧！學一項技
能、做一份兼職工作、考一張證照……這些事情都能讓
你忙碌起來。

如果你沒什麼明確的興趣和目標，也沒有關係。認真
生活，也是一件可以讓獨處變得豐富且有意義的大事。
比方為自己煮一道美食、整理一下衣櫥、去林間散步、
和偶遇的小動物打招呼、為夕陽拍一張照片……。

孤獨就像是一張白紙，你可以任意「創作」。況且，
這個五彩斑斕的世界，有太多有趣的事情可做。

我接觸過很多年輕人，他們有關係很好的朋友，聚在
一起時充實愉快，獨處時又能享受孤獨，這是一種很舒
服的狀態。而這種狀態之所以會令人感到舒適，是因為
自己保有獨立和自由。

**孤獨不一定會帶來痛苦，它的本質是一種獨立的生
命狀態**。也正因為獨立，所以才能自由地穿梭於人群之

中，自由地遊走在孤獨之間。

當我們不再依附別人，不再一味渴求獲取他人的支持和理解的時候，才能真正地面對孤獨，並且在孤獨裡發現美好。

朋友沒有責任為我們排解苦悶

你是否有過心情苦悶，想找朋友傾訴，但碰巧對方正在忙碌的情況？

這種情況太常見了，可能是你打算向好友傾訴時，對方正因加班忙得焦頭爛額；可能是一次你做好充足準備又被對方突然推掉的約會；又或者是一段寫了很長，最後又刪掉的訊息……往往這種時候會讓人倍感孤獨。

每個人都在為自己的人生奔波，即使是再好的朋友，也沒有義務要時時刻刻為我們分擔負面情緒。而且向朋友傾訴，也未必真的能夠紓解苦悶。

很多時候，苦悶源自內心，最終也需要靠自己化解。

一個人聽聽音樂、享用美食、買一件喜歡的禮物給自己
……愉悅地享受孤獨，哪怕是在無人聞問時，獨自大哭
一場，好好地釋放情緒，孤獨也會給我們正向回饋。**當
我們不再渴望依靠人群排解孤獨，也就真正地學會了與
孤獨相處。**

每個人都有要承受的壓力，不過度寄望朋友幫自己排
遣孤獨，如此和朋友相處起來才會更輕鬆。

對朋友抱有過多的期待，也會陷入孤獨

有的人看似朋友很多，時常呼朋引伴地出門遊玩，日
子過得十分熱鬧。但這世上多的是錦上添花之輩，少有
雪中送炭之人。平日的好友，在你遇到危難之時，又有
幾人會向你伸出援手？

我聽過、看過很多人和朋友決裂後陷入痛苦或憤怒，
他們不斷訴說曾經要好的夥伴如何不堪。當初如何真誠
地付出，對方卻在自己需要幫助時表現得非常糟糕。

　　沒錯，身處困境時孤立無援，確實讓人感到孤獨。但換個客觀角度看這個問題，人與人對彼此關係的遠近、對同件事情的判斷常存在著「偏差」。

　　你希望朋友幫你填平一個坑，朋友覺得幫你填一杯土已經是盡了情分；你以為朋友一定會幫忙的事，朋友可能真的很為難，或者認為沒有必要。

　　拉齊彼此內心尺規的難度，不亞於在這世界上尋找兩片相同的葉子。所以，又何必如此執著？

　　人性經不起考驗，友情經不起試探。人生的路，終究要靠自己走。不高估與別人的關係，不低估自己的能量，不過分寄望別人雪中送炭。當自己成為一個發光發熱的人，反而不會孤獨；當你的能量夠強大時，越會有人願意主動向你靠近。

　　孤獨本身並不苦澀，因為害怕孤獨而強行把自己投入社交中，反而是一種苦難。

② 毫無邊界的「好心人」

　　一個心地善良、總是在付出的人，卻常被欺負，這樣
看似荒謬又戲劇的情節，真實地在生活裡上演。

　　我們周圍經常會有這種人，他們處處替人著想，次次
妥協退讓，本以為這樣就可以不得罪任何人，最後換來
的卻是別人毫無顧忌的索取。

　　他們常被發「好人卡」，人們還會為他們貼上標籤：
好好先生／小姐！

　　在社交關係中，好好先生／小姐總是以善良、好說
話，甚至是好欺負的形象出現。他們會為了滿足別人的
要求，讓自己陷入身不由己。

善良是高貴的品格，但沒有原則、沒有底線的善良，只會餵養別人的貪婪，同時也把自己拖進疲憊的人際關係中，使自己痛苦不堪。

所以，好好先生／小姐總有很多社交煩惱，然而這些煩惱，大多數都是因為試圖滿足所有人而自找的。

好好先生／小姐的心理邏輯

主管看你好說話，經常分配過量的工作給你；同事看你好說話，經常要你代勞一些工作；親友看你好說話，經常找你幫忙……好好先生／小姐常常為了別人的事情而忙碌著。但這種忙碌並非出於本意，很多時候是讓自己感到心累和痛苦的。

別人無所顧忌地驅使你、習慣性地麻煩你，都是來自於你的默許——你默許自己在社交中，成了一個甘願付出的服務者。

好好先生／小姐心中的這份默許又來自哪裡？

來自一個錯誤的社交邏輯。

他們相信委曲求全會換來良好的社交關係。而事實上，這種社交關係是失衡的，本屬於其他人的壓力，最終都變成自己的。

好好先生／小姐在面對別人的求助時，幾乎不懂得拒絕。只要別人開口，不管大事小事，就算委屈自己，也要幫助別人。

過度的善良會成為弱點，成為別人侵犯的入口。沒有邊界的熱心，只會助長別人的囂張氣焰。

有時候，就算受幫助的人說一聲「謝謝」，對方也未必真正感激你。如果某一次不能像以往一樣幫忙對方，反而會被記恨。

好好先生／小姐與人往來時，總是傾向比對方付出更多，卻很少要求回報。與人交際時，總有一種「犧牲感」。這樣失衡的相處模式，卻是他們預設的「平衡」。所以，他們非常不善於為自己爭取合理的回報。尤其在職場中，好好先生／小姐在做出重要貢獻的時候，往往

過分謙讓，反而可能讓別人領了功。這種「犧牲感」既讓他們感到滿足，同時卻又痛苦不堪。

好好先生／小姐還有一個思維，就是在拒絕別人的時候，認為自己應該懷有歉意。**他們的態度和情緒回饋，將原本是權利的「拒絕」變成了虧欠。**

當對方進一步提出請求的時候，便很容易應允對方。比如，當對方說出「拜託你，再幫我一次！」、「幫幫忙嘛，不然我這次損失慘重！」像這類理由的時候，在好好先生／小姐的心理模式中，會認為對方如此誠懇，自己不能拒絕。萬一因為自己沒有幫忙而讓對方面臨很糟糕的結果，會備感愧疚。最終，似乎只有答應對方的請求，才是「正確」的選擇。

他們就是這樣，不知不覺中又讓自己陷入一種非常糟糕的人際相處模式中，既無法自控，又為難自已。

好好先生／小姐如何走出社交困局

好好先生／小姐想走出社交困局的訣竅，是尋求正確的心理平衡，扭轉與人相處的思維方式，從根源抹除「犧牲感」和「虧欠感」，學做一個「自私」的人。

好好先生／小姐之所以會違背自我意願，做出所謂的「犧牲」，是因為有部分的他們所求的是一個「好」，犧牲自我利益，站在道德高位，成為別人口中的「好人」，體驗渴望的價值感。例如，在他們心中維護自己的好口碑，要比保有自己的休息時間更重要。

每個好好先生／小姐都需要為自己撕掉這個標籤，就算成為別人口中的「好人」，也不代表你的價值高；而且事實上正好相反，這正是一個人價值低的表現，因為價值低，所以別人才會任意驅使你。

自我剝削是件非常殘忍的事，做一個「自私」的人並不可恥。這不是侵犯別人的權益，而保有個人價值，平等地應對與他人的關係。

　　以犧牲自己成全別人換來的口碑猶如飲鴆止渴，以平等獨立的姿態與人相處，反而會得到尊重和真正的認同。**好好先生／小姐走出社交困局最直接的方法，就是學會拒絕。**

　　回到現實面，好好先生／小姐或許不可能一下子成為一個很懂得拒絕的人。不過仍有一些實用方法可依循，就是「製造限制條件」。

　　例如，在能力上認輸。「抱歉，這件事大大超出了我的能力範圍，我真的幫不上忙。」

　　再比如，利用時間衝突，製造客觀條件的限制。「今晚家裡有急事要我回去處理，實在無法脫身。」

　　總之，好好先生／小姐常常因為覺得「不好意思」，而無法拒絕別人，那麼，就給對方一個「你不得不拒絕的理由」。

　　另外一點是改變心理模式。把自己當作某個「重要的朋友」，用對待重要朋友的方式來對待自己。

就像照顧「最重要的朋友」一樣，照顧自己的感受；像在乎「最重要的朋友」一樣，在乎自己的得失。

「最重要的朋友」值得用最好的一切方式去討好，如此，你又怎麼忍心虧待「他」呢？

讓社交進入償還模式

好好先生／小姐的社交模式之所以令人疲憊，是因為持續地付出不僅沒有得到回報，反而加劇了對方的索取行為。想要改變這種失衡的狀態，可以讓社交進入一種「付出→償還」的機制。

幫助別人之後，可以試著尋求人情回報，看看對方是否會給予，還是只想向你索取而已。如果對方拒絕，恰好能為你下次的拒絕鋪路，如果對方答應幫助，在反覆多次的付出與償還中，他也會主動減少或放棄對你的索取，不再為自己找麻煩。

另外，還有一種特殊的環境，那就是職場。如果你以往已經在職場中塑造了一個好好先生／小姐的形象，那麼使用上述方法之前，還有一件更重要的事情，那就是提升自己在職場中的核心競爭力。**只要你的不可替代性越強，越不容易被別人驅使。**

③ 社交好評率和差評率

生活在人群中，就一定逃不開社會的評價機制。

例如：他的個性真好，我非常喜歡跟他交流；他的人品不怎麼樣，也很無趣，沒什麼吸引力；他糟糕透了，做事很差勁……每個人都會收到「好評」、「普評」、「負評」。

我們雖然無法完全忽視別人的評價，但要學會控制他人評價對我們的影響力。很多人為了在社交中獲得更高評價，付出了高昂的成本。偽裝性格、隱藏觀點、粉飾情緒……到最後，為了獲得「好評」所做的一切讓人不堪負荷。

為什麼你會那麼在意社交評價

為什麼你會過度在意社交評價？其中一個常見原因是害怕被批評。

你做了一件事，或者準備做一件事，怕朋友不滿意，怕人議論，怕造成不好的影響，都是因為恐懼關於自己的負面評價。這種恐懼感很可能來自童年或成長過程中曾遭遇過的心理打壓。

一個孩子在童年時，如果經常受到負面評價，難免會留下心理創傷，變得很容易緊張。當他成年後，便會對負面評價產生強烈的排斥感，用盡一切方法規避負面評價，無法坦誠地與人社交。

還有一個原因是渴望他人認同。為了得到別人的認同，有些人會付出非常多，甚至委屈自己。透過別人的好評來確認自我價值，這樣的人往往比較自卑。

歸根究柢，人之所以過度地在意社交評價，主要是因為內心價值評判標準的扭曲，缺乏自我認同，這無疑是

將自我價值評判的權利拱手交給了別人。

評價不同，很可能是因為立場不同

　　每個人都無法徹底擺脫社交評價，但每個人都需要客觀地看待他人評價。

　　視角不同、立場不同、背景不同……因為各式各樣的因素，每個人的評價基準也會不同。

　　在公車上，一個年輕人如果沒有讓座給孕婦，有可能被認為是自私；約會中，看到對方吃飯發出聲音，就判定對方沒教養；在走廊上或茶水間遇到同事，若對方沒打招呼，就認為對方沒禮貌。

　　但事實也許是：那個年輕人受了傷；約會對象有意識到這種習慣需要修正，正在嘗試改掉的過程中；同事忙著回覆客戶的訊息，所以沒看見你。

　　我們評價他人時，難免會有偏頗，因此同樣也該接受不同人對我們有各種或不客觀的評價。

孟子有言，有些東西是「求之有道，得之有命」，那是「在外者」；有的東西是「求則得之，捨則失之」，那是「在我者」。

荀子有類似的說法，分別是「在天者」和「在己者」，他說：「君子敬其在己者，而不慕其在天者。」

別人的評價就類似於「在外者」，甚至是「在天者」，你無法完全憑自己的努力去左右他人，所以不必太在意。你真正需要在意的，是與自己緊密相關的事，比如做事的態度、工作的專業程度等。

以自己為軸心，做好自己，對於他人評價就不必過分掛心了。

如何在負面評價下做選擇

面對大大小小的人生選擇時，我們常常會收到一些來自社交關係的負面評價。

你想辭職，會有人說：「現在大環境不好，這麼穩定

的工作怎麼說辭就辭了。」

　　你打算拒絕相親對象，會有人說：「你眼光太高了」、「再挑你就沒對象了」。

　　你準備學習一項技能，會有人說：「你年紀這麼大，來不及了，浪費錢」。

　　這些負面評價很容易讓人猶豫，產生自我懷疑。我聽過、見過不少人深陷這類煩惱中，在我的成長過程中也是如此。後來我明白，這種聲音永遠不會停止。在我們做選擇的過程中，總會有人抱持消極態度回應。

　　每個人都只能活一次，每個人所處的環境、經歷都不同，個人經驗不足以成為權威的評判依據。他人視角的對與錯，往往只是看待事情的一個角度罷了。

　　此外，很多時候，別人對你的態度和評價，還取決於你能為他們帶來多少利益。

　　我們的人生都只屬於自己，雖然我們需要他人的建議，但應適度採納，決定權要掌握在自己手中。面對不同的社交評價時，我們也應有不同的處理方式。得到肯

定的社交評價，可以幫助我們找到自己的優勢和長處；至於否定的社交評價，則可藉此機會檢視自己的不足之處；面對偏頗的評價，我們必須守護自己的內心，不受干擾。

唯有用社交評價來輔助自我發展，才能發揮其價值，藉此達到與評價共存的良好狀態。

區分別人定義的「你」和真實的你

對於社交評價敏感的人來說，最重要的事情是找到自我，懂得區分別人口中的你與真實的你。

當別人說「你很糟糕」的時候，並不等於「你真的很糟糕」，這完全是兩件事。

「你的價值」可藉由客觀標準來明確評斷。比如，你學業成績很好，會透過成績單上的分數呈現，而不是別人說你功課好或不好；你很善良，可以透過你做了多少與人為善的事情來體現，同樣不是別人評價你是善或惡

就能定論的，諸如此類。

你有專屬於自己的經歷，有自己的判斷，有優點但也有缺點，不是任何一個人可以用片面之詞去定義的。

如何瞭解自己？拿出紙筆，試著自我提問並寫下這些問題的答案。

☆你的身份：你現在的職業標籤或身份是什麼？例如：國中教師、家庭主婦、自由接案……。

☆你的性格：你最顯著的幾個性格特徵是什麼？

☆你的履歷：簡述你目前為止的工作經歷。

☆你的背景：簡述家庭背景、教育背景。

☆你的成績：在過往的求學和工作經驗中，哪些成績特別優異？

☆你的優點：過去取得的有價值成果，主要源自於你的哪些品格？

☆你的缺點：過去犯的錯誤中，和自己有關的主要有哪些？

☆你的愛好：你喜歡如何渡過個人休閒時間？

☆你的目標：你渴望在未來五到十年，達成怎樣的目標？

☆你的處事原則：你做事認真謹慎嗎？如何看待自己做事的得失？你會願意麻煩別人嗎？還是有哪些其他原則？

☆你的欲望：你在物質、名利、情感上有什麼樣的渴望？

☆你的內心狀態：你對現在的生活滿意嗎？你的內心敏感嗎？你的情緒穩定嗎？你有什麼尚未解開的心結嗎？

如果你逐項作答，相信已經在紙上寫下很多內容。不過，即便是這麼多的內容，也只能代表你對自己有一個最基本的瞭解。因此，真實的你，又如何能被其他人的片面之詞隨意定義呢？

④ 合群的「犧牲者」

　　合群，在詞典中的解釋是「跟大家關係融洽、合得來」，「合群」的人往往被認為善於與他人相處，人們更願意與之共事。相對地，在多數人看來，「不合群」這個詞往往帶著一定程度的貶義。所以，大多數人做了趨同的、「合群」的選擇。為了合群，放棄一部分的自我利益，為了合群打磨自我的稜角。

　　於是，改變發生在生活的枝微末節中。越來越多的人感到身不由己，覺得過得不是屬於自己的生活。

　　為了合群，人云亦云，只說大家認同的觀點；去參加並不感興趣的活動；為了某個無感的哏而發笑；聊不感興趣的八卦，諸如此類。和他人邁出相同的步伐，以同

樣的節奏活著。**而當你回過頭來看看為了合群而不快樂的自己，覺得有些無奈，又感到有些滑稽。**

當我們努力地、刻意地讓自己合群的時候，其實是「犧牲」了自己的快樂、觀點、個性⋯⋯。

無論是生活或職場中，都有太多人試圖磨平自己的稜角，想融入某個圈子，想讓自己看起來不孤獨，想讓更多人喜歡自己，以至於在迎合別人的過程中逐漸迷失自己，淪為合群的「犧牲者」。

為了合群，你做了多少不情願的事情，但合群有那麼重要嗎？它真的會帶給你安全感和舒適感嗎？

很多時候，不費盡心思地去解釋你的想法、你的行為，會感覺輕鬆許多。若是懂得，何必多言？若是不懂，更何必多言？

沒必要邀請所有人參與你的生活，也沒必要為了那些不值得的人委屈自己，我們才是自己世界的軸心。世界很大，總會有人和你志趣相投，暫時的不合群，只是因為還沒有遇到同頻吸引的人罷了。

在人際往來中，你有時會迷茫，不知道自己想要什麼，想成為什麼樣的人；但是你一定要知道自己不想要什麼，不想成為什麼樣的人。

一個人是不是真的與自己志同道合，以及真心付出是否值得，都需要經過時間的沉澱才能觀察清楚。長久而舒適的親密關係，無法用兩倍速來建立，沒有輕而易舉就能得到的好朋友、好情人，所有的關係都需要在相處過程中一點一滴地磨合。

不合群只是看起來孤單，刻意合群則可能造成內心的孤獨。不合群不一定快樂，但委屈自己去迎合某個群體，一定不會快樂。

不合群並不是性格缺陷

我接觸過的年輕人裡，有這樣一類人，他們性格慢熱，不愛多言。他們很「宅」，喜歡獨處，一個人外出也能怡然自得，偶爾和幾個特別聊得來的朋友相聚。

這類人常會聽到父母、親友對他們的定義和忠告。

「你太內向了，一點都不開朗。」

「別總悶在屋子裡，多交點朋友，出去走動走動。」

「性格古怪，太不合群了。」

看，這個世界，對不愛社交的人或多或少地存在一些偏見。

不合群就是內向嗎？但是在聊得來的人面前，他們顯得相當開朗；需要待人接物時，表現得也很得體。

不合群就是「社恐」嗎？但是在需要溝通的時候，他們也能侃侃而談。

也許都不是，他們同樣擁有社交的能力，只是對社交的需求少且要求高。人群中的交流會讓他們有一種消耗感，高品質的獨處和相聚，則會讓他們更舒服。

哲學研究者周國平曾說過：「我天性不宜交際，在多數場合不是我覺得對方乏味，就是害怕別人覺得我乏味。可是我既不願忍受對方的乏味，也不願費勁使自己

顯得有趣，那都太累了。」

　　不合群、不愛社交並不是缺陷，也不值得為此沮喪。最重要的是在某種社交模式下，你是否感到舒適？是否在精進和成長、是否能更妥善地面對生活。

犧牲自我換來的「合群」，終會壓垮自己

　　哲學家叔本華曾經說：「人的合群性大概和他的知識的貧乏，以及俗氣成正比。」如果處處合群，事事都被他人理解並接受，人也就失去了自我。

　　這讓我想起電視劇《三十而已》中的角色——顧佳，她努力想擠進「太太圈」，為了討好太太們使出渾身解數，然而到頭來卻沒有真正被接納，在整個過程中，她感到非常痛苦。

　　在生活裡，這種故事屢見不鮮。「富二代圈」、「企業家圈」、「名媛圈」，以及普通人的朋友圈子、同事圈子。不少人正不計代價地想要做個「合群」的人，融

入不屬於自己的圈子。

　　但刻意強迫自己融入某個群體，會讓人身心俱疲。這種痛苦其實不是必須，因為它不等同於吃藥治病、努力學習、努力修行那般有益。即便你能融入所謂的「圈子」裡，必定也是人微言輕，仍像個局外人，並不能從中受益。這種痛苦，是與自己為敵，到頭來是折磨自己。

　　在真正適合自己的群體裡，你不需要刻意改變自我，不會成為「小跟班」或者「工具人」之類的配角，而是自然而然地成為其中一員，擁有屬於自己的位置和一種不必過多解釋的鬆弛感。

　　當你不再為了「合群」而合群，不再為了迎合別人而委屈自己，不再為了陪伴別人而犧牲自己，你才能成為真正獨立的個體。

　　不必刻意離群，也不必刻意合群，以自己為軸心，與志同道合的人攜手並進，三兩好友，亦可行走人生。

⑤ 負債的社交經營

人與人的情分就像一個銀行，你取出來一點，就要存進去一點。

很多人以為盡可能多結識別人、拓展自己的人脈，就可以多一些機會，為自己謀得更高的收益，但在無形中卻背負了大量的社交包袱。

真正有效的人脈，依託於彼此可置換的資源，並不是相識相交就可以被稱為人脈。因此，錯誤的人脈觀念，會讓你的社交不堪重負。

人情很貴，謹慎消費

有些人遇到難題，不是想著如何解決，而是想著找

誰幫忙解決。這似乎成為很多人處理問題的慣性模式。曾聽一位老闆說過，他做專案時託朋友找人做設計和裝修。錢沒少花，但效果很差，最後又花了不少工夫才勉強竣工。其實，他原本的預算足以請到很專業的團隊，有效率地做完這件事。

另一位朋友，他經營一家廣告公司，甲方找各種理由不支付費用，但公司經營需要現金流。他就找了做自媒體的朋友揭露這家公司，想用輿論施壓。結果，不但給朋友添麻煩，欠人情不說，這件事鬧得沸沸揚揚，也為自己的公司帶來很不好的影響。最後還是找了專業律師解決。律師還為他提出很多公司規範以及經營方面的建議，揪出很多漏洞，幫這位朋友減少很多後顧之憂。如果這位朋友一開始就找律師解決，中間這些麻煩或許就不會出現了。

人情很貴，靠人脈幫忙走捷徑，往往要付出更大的隱性成本。而且，你欠下的人情需要付出更多精力去維護和償還。況且，很多時候透過常規途徑解決問題，比使

用人情關係更容易、更簡單。

人情應該用在關鍵時刻，能幫你放大價值或者解決棘手問題，提高辦事效率。否則，隨意使用人情就是一種巨大的浪費和消耗。

人情周全的人，大多活得很累

有些人做人做事很周到，在各式各樣的社交場合裡，他們關注細節，關注他人的感受。即使他們心情不好，也會笑臉迎人。有人發生爭執，他們會上前規勸；有人受到冷落，他們會主動攀談……。

他們在別人的眼中很貼心，很善良，很好相處。他們顧大局，有一種莫名的交際責任感。

我曾經很好奇，這類人的內心是否真的和他們表現出來的一樣從容，但經過實際訪察和暸解之後，卻發現相反的結果。很多人情周全的人的內心是疲倦、焦慮的。他們擔負了太多他人的情緒，敏感地體察他人是否覺得

滿意，卻忽視了自己的壓力和承受能力。

他們在人際關係中，習慣將自己代入一個做事周全的角色，並且全力執行。他們覺得自己應該這樣做，卻不明白自己為何要這樣做。他們看起來善於社交，無所不能，即使面對不願做的事，到了嘴邊也變成一句：「沒什麼，我可以。」

但人的精力是有限的，為了成為周到的人，為了讓別人愉快，而持續地在社交中付出，忽視自己的感受，事實上是對自己的辜負。

看似善於社交的人，大多時候也會疲於社交。而這種疲憊，其實可以從根源上規避。

健康的人際關係應該是輕鬆的、舒適的。先取悅自己，再和世界相處。

合理對待「人情債」的償還

現代社交法則更為注重經營關係：朋友相見時互送禮

物；你陪我逛街，我請你吃飯；一起旅行時，你買了機票，我就負責住宿、餐費，諸如此類。雖然大多數人幫助朋友時，並不會想要立即從朋友那裡得到相對應的回饋或回報，但都會約定俗成地儘量在付出與收穫中保持相對的平衡。

如果一個人在社交中只求收穫，始終不對別人做任何回饋，或者急於償還人情，都無法維持這種平衡。

朋友之間、上司下屬之間、同事之間、親戚之間甚至夫妻之間，都經常出現人情債償還的情況。

比如，有人請吃飯，聰明的人往往隔一段時間才回請，以免讓對方認為自己回請他只是為了償還人情債；當然也不能超過對方預期的時間太久而不償還，這會讓對方感到被忽視，或者有被占便宜的感受。

舒服的關係，必須透過主動地掌控社交節奏才能實現，而這個節奏完全取決於你的溝通模式和雙方預設的平衡狀態。

第二章

心靈空間的清掃

如何透過改變認知釋放人際壓力

run away from toxic

relationships

① 朋友的功能性和階段性

提到朋友時，我們往往是感性的，論友誼深厚，渴望天長地久。

但若站在理性的視角來審視朋友，你會發現，朋友是分階段的，並且具有不同的功能性。

朋友的功能性

交朋友不必藏功利之心，但也不可忽視其功能性。

在你心情不佳時，朋友可以安慰你、鼓勵你；在你失意時，朋友會在身邊陪伴你，讓你振作起來；在你無助時，朋友會溫暖你的心，讓你充滿希望。這時候，朋友的功能是情緒疏導。

當你遇到困難時，會找朋友借錢或透過人脈，來幫自己渡過難關。這時候的朋友角色是幫手。

從結交朋友的那一刻起，我們或多或少都帶著一點目的性，只不過我們自己沒有意識到，或是有意粉飾、迴避這種功利性。

但其實，想和朋友維持高品質的關係，我們的確需要正視朋友的功能性。大致分為以下幾種：

☆有共同興趣愛好一起鑽研；

☆價值觀相似，能交心，精神層面上有共鳴；

☆一起消遣玩樂，排解寂寞；

☆被對方的某種技能或某項特質吸引；

☆相互支持、共同進步；

☆在一些具體的事件中交換價值，互為人脈；

☆其他。例如，從朋友的崇拜中獲取優越感。

一位朋友所具備的功能可能包含多種，無論是情感上或物質上，這些功能的本質都是交換。

我們必須釐清自己與朋友之間如何互通有無，才能更準確地知道自己的定位。也就是說，朋友能為我帶來什麼，我能提供朋友什麼。供需精準互換，友誼的品質才會越來越高。

簡單地說，如果有人帶著獲取利益的目的來與你結交，而你又不能或是不願意與對方進行利益交換，那麼也就不必浪費時間與對方結交，因為彼此終究無法達到平衡的交換關係。

梳理朋友的功能性，不僅減少不必要的社交成本，釋放社交壓力，也能讓自己為朋友提供更高的價值。

朋友的階段性

朋友是有階段性的，因為天下沒有不散的筵席，人生所遇皆為過客。

人是群居動物，當你離開某個區域，與原本朋友的感情就會逐漸淡去。到了新場所，便會結識新朋友。

你小學時最好的朋友，現在可能斷了聯繫。

你國中時發誓要做一輩子兄弟的人，可能如今已經成了「點讚之交」。

你高中時形影不離的好夥伴，可能現在一年裡聊不到幾句話。

你大學時的好姐妹，再見時可能已經有很多陌生感。

我們的人生越走越遠，世界也會越來越寬。曾經在某個時期要好的朋友，在分別之後進入不同環境成長，也就沒了當初那麼多的感同身受，也各自有了新的好友。雖然回憶依舊在心中，但彼此難免漸行漸遠，偶爾一起聚餐敘舊，反覆聊起的，也都是曾經的那些回憶。回歸當下，雙方似乎再也無法靠近。

其實這種分離與淡忘，是一種自然規律。人情聚散，人生無常。

朋友的階段性除了受限於地域，同樣受限於年齡和生活閱歷。在不同的年齡階段，所結交的朋友亦不同。

少年時結交朋友，為了一起玩耍；青年時結交朋友，可一起成長；中年時結交朋友，多少會摻雜一些利益的衡量；老年時結交朋友，可能是為了閒暇時有個談天說地的對象。

人生每步入一個新階段，便會見識到不一樣的風景，結交不一樣的朋友。有人曾說：「**人生就像一列開往墳墓的列車，一路上有很多站，很難有人可以自始至終陪你走完。當陪你的人要下車時，即使不捨，也該心存感激，然後揮手道別。**」

當我們正確地認識了朋友的功能性和階段性後，便可以有條理地精簡社交，當斷則斷，當捨則捨。畢竟曾經一起走過一段路，彼此已是收穫滿滿。

② 沒有必須幫的「小」忙

你會經常幫別人一些「小」忙嗎？

幫忙拿快遞、幫忙帶個午餐、幫忙列印東西、幫忙送個文件、幫忙湊個三缺一的局……。

面對這些情況，有的人會直接拒絕，有的人卻很難說「不」，反而會覺得「就這一次也沒關係」，正是因為如此，在無形中讓對方養成了習慣，有了第一次、第二次，就會有第三次、第四次。

一些「小」忙，看起來的確是舉手之勞，也能增進彼此關係。**但你幫的「小」忙累積多了，我們的社交邊界就在這一次又一次無關緊要的小事中失守。**

透過小事建立社交規則

很多人認為在一些小事情上不必太斤斤計較，但小事正好是社交中最重要的部分。透過小事建立自己的社交規則，是獲得社交自由非常重要的一步。

從拒絕一些零星小事、隨手「小」忙開始執行你的計畫，是非常有效的。例如，Amy 的同事經常以她的文案能力強為由，找她幫忙修改文案。Amy 因為沒有拒絕，被迫幫忙，久而久之，幫忙成了理所當然。

對 Amy 來講，這會占用她的時間，並打斷她工作時的思緒。比較有效的辦法是，Amy 向同事說明自己正在趕急件，可提供修改方向或方法，讓同事自行修改。這樣既幫助了同事，又巧妙地拒絕對方。如果下次遇到同樣問題，也只提供方法選項和方向性的指點。

拒絕，並不是割裂彼此的關係，而是為了讓別人瞭解你的情況，清楚你的處境，藉此維持良性的、可持續的社交關係。

不再對自己口是心非

很多不懂拒絕的人常常口是心非，哪怕心裡想著：「不行，不能，不可以」，但嘴上卻說：「好的，沒問題」。

但答應完就後悔了，暗自發誓下次再也不幫了。然而到了下次，嘴上還是會說：「好的。」因為幫個「小」忙並不難，所以，拒絕就會變得很難。

為了點小事傷了和氣、傷了面子，總是不值得的，但這種心理狀態養成無法停止的付出。

這正是很多人難以拒絕別人要求的「小」忙的癥結所在。在我們自己的價值評判體系裡，也認為「小」忙很容易，並認為它低價值。但最後的結果是習慣性付出，而這種毫無限度的付出很容易讓受益者習以為常，最終導致自己的付出被輕視。

解決這一切的根源，仍是在於自己。幫別人這些「小」忙時，究竟付出了多少？認真思考過後，這個結果恐怕會超乎你的預期。

除了事情本身勞心勞力之外，還有高度的情緒消耗。
也就是說，當你為這件事感到困擾和煩惱時，「情緒成
本」就產生了。另外，這種付出會在不知不覺中使你處
於糟糕的人際關係中，你會成為那個持續付出，且被大
家認為應該付出的角色。

從這個角度看來，幫「小」忙要付出高昂的成本。所
以，拒絕持續幫「小」忙是很重要的事。

我們扭轉了心理評判邏輯之後，要如何邁出那一步，
表達拒絕？

對於臉皮薄或總是習慣答應別人的人來說，有個很好
用的方法，就是當別人向你發出邀請或者尋求幫助時，
可以藉由延時回覆，為自己預留思考時間。

例如：「稍等，我看看週末原本的安排」、「我手頭
有點急事，稍後回覆」、「稍等，我考慮一下」，諸如
此類。

不想應邀或幫忙時，可以巧妙地選擇一些適合自己的
理由，為自己取得更多的思考時間和拒絕的餘地。

你越是小步退讓，別人越會得寸進尺

有人的地方就有江湖，有人的地方就有人情。若是開啟了「就這一次也沒關係」的潘朵拉盒子，不僅容易得不到感激，最後還可能淪為別人口中的「壞人」。連拒絕一次都會被抱怨：你以前不是這樣的、你真的好過分、你就是個小氣鬼、連個小忙都不幫……。善意的付出，竟變成了理所當然。**有時候，我們需要適度地當一個不那麼「可愛」的人。**

該怎麼禮貌又體面地拒絕別人的請求呢？

（1）對事不對人

做好心理建設很重要。拒絕幫「小」忙，並不是要將自己和對方置於對立面，拒絕只是針對這件具體的事，不是拒絕和否定這個人。

（2）消除虧欠感

你的拒絕並不代表你對他有虧欠，任何關係中都沒有「必須」、「應當」的義務，換個角度想，如果是你提

出需求，其他人也有權利拒絕你。

（3）製造「小插曲」

當別人要你順手幫個「小」忙時，可以為自己製造「小插曲」。比如，忽然想起一件要緊的事得完成。或者臨時改變一些計畫，讓順手幫忙「不那麼方便」。這些「小插曲」可以幫你更容易達成拒絕的目的。

（4）結果打折，委婉拒絕

在別人提出請求時，你可以延長時間，或者以效果打折的方法來拒絕。比如：「今天恐怕不行，或許明天我能抽出點時間」、「我最近太忙了，這件事我可能幫不上太多」

總之，永遠不要勸說自己「就這一次也沒關係」。當你學會說「不」、「不會」、「不行」、「不要」、「不能」的時候，你會發現那些慣性索取的人，將漸漸從你身邊散去。

③ 你有權利拒絕討好，不需為此感到抱歉

做自己，很難嗎？

非常難，太難了。這是最常見的答案。

每個人都渴望被人認可，被人尊重，被人喜歡。但現實是，**一個人很難讓所有人都喜歡，卻容易在討好別人的過程中，慢慢變成自己討厭的樣子。**

有時候，我們像是被無形之力所控制，習慣性地說了很多心口不一的話，做了很多身不由己的事，這或許是不少成年人的真實寫照。在心理學領域，這類人被認為是「討好型人格」，一般會有以下特徵。

（1）謹小慎微，特別在意別人對自己的看法。出現

一點小錯誤就會非常緊張和自責，並且會為此懊惱很久。擔心自己說錯話，與人溝通時總反覆斟酌措辭。

（2）別人的事情永遠都比自己的事情重要，有求必應，卻很不好意思麻煩別人。

（3）沒主見，吃什麼、玩什麼都是依別人選擇。

（4）內心敏感細膩，很懂得察言觀色。

（5）自我評價較低。

（6）不敢拒絕，害怕因為拒絕而與他人關係破裂。

（7）界限模糊。無法守住自己的界限，也常常會過度熱心地闖入別人的心理邊界。

錯誤的心理邏輯，讓人備受煎熬

討好型人格的人通常具有以下典型心理特徵：

（1）都是我的錯——習慣性攬責任。

（2）他是不是生氣了——對他人的感受過於敏感。

（3）我一定不行，我什麼都決定不了——抬高別人，

貶低自己。

（4）雖然我心裡苦，但是我不能說，我不能拒絕──不敢提出要求，很難拒絕別人。

（5）我忍讓一下，沒關係──缺乏界限和原則。

無論被怎樣刁難與差遣，都微笑著說「好」；無論受多大的委屈，都微笑著說「沒關係」；對於不友善的言行，唯唯諾諾不敢回應；對於身邊的人，會不自覺地察言觀色。

這類人總是努力活成別人期待的樣子，希望被接納與被喜歡。

討好型人格的形成

每種心理狀態的形成，都必有其原因。討好型人格的形成，主要有以下五點。

（1）經常被信任的人打壓。面對陌生人的指責，最常見的反應先是憤怒，然後很快釋懷，因為陌生人並不

瞭解自己。但面對熟悉或信任的人給的負面評價時，這
時就會對自己產生懷疑。

「我的好朋友這麼瞭解我，他會如此批評我，那很
可能是我真的有問題。」一來二去，便會習慣性地自我
否定。失去了自我價值的認同後，他們就會不斷討好對
方，以獲得高評價。

（2）沒有獨立思考的能力。有的人遇到事情，不喜
歡獨立思考，只是隨波逐流，贊成大多數人的選擇，並
以此來獲得認同感。

（3）忽視自我需求。有的人不重視自己的需求，卻
過分地關注他人的需求，覺得別人怎麼想、別人的感受
更加重要，他們習慣以他人為中心，把別人放在高位，
把自己放在低位。他們壓抑自己的需求，成全別人。有
時候討好對方，為對方提供服務，已經成為日常社交習
慣，並非對方要求如此，甚至有時對方可能並不喜歡
這種討好。

（4）無法正視問題。有的人遇到問題的時候，不是

想如何解決，而是想要逃避，避免和別人發生衝突，用順從和討好對方的方式來緩解衝突。一旦發生衝突，他們也會優先照顧對方的感受。所以，在一些情緒化的、撕破臉的爭吵中，討好型人格的人會先示好、會不斷解釋、會覺得理虧。這種衝突不僅僅是爭執，還包括對方提出的一些要求，即使與自己的實際情況發生衝突，他們也會選擇犧牲自己，討好對方。

（5）原生家庭的影響。在原生家庭中，有些父母會設置一些獎懲機制，讓孩子聽話順從，卻也束縛了孩子自我意識的發展。凡事聽話、討好父母或親人，就能得到表揚，得到好處。久而久之，討好周圍的人固化成一種性格特質，以及行為模式。

討好會上癮，但也很苦澀

為什麼那麼多人無法自控地去討好他人，甚至對此「上癮」？

很簡單，因為討好有「甜頭」，有利可圖。

討好能獲得別人口頭上的感謝。「你人真好」、「你太棒了」、「謝謝你，還好有你」，對於不夠自信的人來說，這些感謝和讚美，是最甜美的「安慰劑」，讓人心情愉悅，讓人感到充滿信心。而這種愉悅感卻是短暫的，並且有著高昂的代價。

討好能獲得認同感。不可否認，有很多人是藉由為人付出而找到自我價值。在他們的心理模式中，被需要等於高價值。只是他們為了提供服務價值，卻忽略自己的核心價值。

討好能夠獲得愛。很多人認為持續地付出，滿足對方，就會得到自己渴望的愛。簡單地說，讓朋友高興能獲得友情，讓親人高興能獲得親情……**缺愛的焦慮，讓他們陷入無法自拔的討好行為中。**

討好能夠獲得良好的人際關係。討好別人，便能與人相處融洽。而這種表面上的融洽，其實非常危險，這並不是一種平衡的人際關係。它的支撐點是單方面討好，

是持續地付出。然而一旦付出停止，融洽的關係也會迅速破裂。

慣性討好的人，容易被鎖在各種被他人定義的標籤裡。一旦習慣討好別人，就很難戒掉，最後只能委屈了自己。

別人眼中的你應該是活潑開朗的，你就表現得和誰都很合得來；別人眼中的你喜歡付出，你就持續服務身邊的人，總是照顧周全；別人眼中的你從容大度，你就輕易原諒別人的錯誤……。

可是，窩在內心世界裡那個真實的你，可能有點內向，也需要被照顧，受傷後也會偷偷地哭……當真實的自我為了討好別人而被隱藏，那些積壓的委屈和痛苦，就會和自己交戰。

討好他人，是在自己的內心世界裡挑起一場「戰爭」，而受傷的只有自己。

無止境討好的惡性社交

與人交際時，可以向人友善示好，但不能無止境討好對方。

比如，你換了新工作，得和新同事們相處，會覺得陌生和尷尬。為了緩解這種氣氛，你主動迎合他們，為他們端茶送水，中午花錢請客吃飯或喝咖啡，想盡一切辦法和同事搞好關係；新認識一個朋友，為了維持這段感情，你想盡辦法討好對方，看對方喜歡的電影、吃對方喜歡的美食。

明明做了這麼多卻仍被嫌棄，在職場上被人欺負、被人在背後陷害，人際關係一直不佳，總是困擾著你，真誠討好換來的反倒讓你苦不堪言。**越是努力地討好，越會無力地失去**，彷彿陷入了惡性循環。

深陷這種惡性循環中的人應該清楚，人若是不能做自己，處處討好別人，以別人為中心，會活得很辛苦，而且這種辛苦並沒有意義。

如何戒掉討好的「癮」

討好型人格的人很善良、敏感，會有很嚴重的精神內耗，也很容易抑鬱。他們的自我價值感低，容易被他人忽視，甚至容易被PUA（註）。如何戒掉討好的「癮」呢？

（1）重新審視社交關係的評斷標準

先成為自己，再去考慮別人。真正的友誼需要相互吸引，靠討好得到的關係，隨時都可能破裂。

（2）確立自己的原則和底線

尊重自己最真實的感受，守護心理底線，才能獲得平穩且平衡的社交關係。

（3）換一個角度看問題

討好型人格的人總是不經意地把自己的問題無限放大。所以，需要更客觀地看待自己與周遭人的關係。轉換視角是個不錯的方法。把自己代入成為旁觀者的角度，是不錯的方法。把自己當成旁觀者的角色或想像成很熟悉的朋友，換位思考，或許對於原本苦惱的問題，

會有完全不一樣的感受。

　　讓注意力從別人回歸到自己身上，以下是擺脫慣性討好的七個小建議：

　　☆尊重自己，愛自己，是與任何人建立高品質關係的基本前提。終其一生，最值得我們討好的人是自己。

　　☆接受這個世界的不完美，接受自己的不完美。

　　☆接受一定有人討厭自己的事實。

　　☆釐清自己的核心價值和自我感受，並且用價值感強化自信。

　　☆學會說「不」，建立邊界意識。

　　☆接受自己初次拒絕別人時的內疚感。

　　☆釐清友誼的根基。真正接納、喜歡、認可你的人與你建立友誼，並不是為了你能為他做什麼的目的。

註：PUA 的原意是一種追求異性的技巧，其後演變為一種運用技巧與
　　心理學來操控他人的方式。

④ 以「朋友」之名的付出與索取

　　小時候，我們和玩伴交換糖果、分享玩具。長大後，我們和朋友相互陪伴、傾聽心聲。走進社會後，我們和朋友互相幫助、應對生活。

　　和朋友往來的過程，也是一種價值交換的過程。

　　我們在物質和情感上均有付出，也有所得。我們的人生在付出和得到的過程中，循序向前。

　　然而，一旦這種付出與所得失去平衡，隨之而來的是，社交變成了一種負擔，拖曳人前行的腳步。

索取

你和朋友之間是否有過類似的對話情景？

「你的畫真漂亮，這幅就送我吧！」

「親愛的，你文筆真好，我的年終報告就拜託你了。」

「相信我，趕快分手吧，他配不上你。」

「這個方案，你寫的太糟糕了。」

看到這些內容的時候，你的腦海裡是否不自覺地聯想到了某個人，或者某個相似的場景？與此同時，一種人際焦慮感是否油然而生？

來自社交中的過度索取，逐漸讓人無力招架，讓人深感焦慮。於是越來越多人想要遠離、逃避，變得小心翼翼，並順理成章地將自己歸類為「社恐」人群。

我認識一位名叫茉莉的設計師，她會用各種理由推掉聚會；特地多走兩千公尺繞開認識的人；搭電梯時滑手機，避免和同行者有過多交流……。

她是個不善於拒絕的人，先前，朋友們經常找她幫忙

設計各式各樣的東西，都是讓她做白工。後來，一位朋友因為提案沒通過，就向她們的共同好友抱怨她的設計作品差，害自己提案失敗。茉莉得知這件事後很難過，她沒有說什麼，而是選擇遠離這位朋友。

後來她把自己打造成常加班的人設，用加班的理由拒絕一切不想參與的聚會。和老朋友減少不必要的交集，也不想交新朋友。

或許有人會說，這不就是社交斷捨離嗎？

但事實上，這應該稱為自我孤立，逃離社交。很多人之所以「社恐」，並不是因為真的不想與人交際，而是厭倦了社交中的疲憊感和無力感。明明你最近加班已經很累了，你的朋友卻連續好幾天要你陪她買醉、療情傷，一起罵「渣男」；或是不分場合、不分時間地向你抱怨上司、罵同事……傾倒情緒垃圾。日復一日的情緒索取，會讓你的心情在不知不覺間也變得很差。

當我們在社交中持續被索取，一直被消耗，自然會產生逃離的想法，但逃離不是辦法。

及時停損，停止被持續索取的關係，把更多的社交精力放在舒適的人際關係上，才是一條有價值的出路。

付出

和過度索取相反，有些人在人際關係中總傾向於過度付出，但這種過度付出，也會讓人感到不適。

一起聚餐時，他們會隱藏自己的喜好，順從你的選擇；他們禮尚往來，總會回送更貴重的禮；一起分享時，他們總會把好的留給別人，差的留給自己；一起做事時，他們總是願意主動承擔更多；你在忙於某項工作時，他們樂於提想法，過度參與、沒有底線地幫忙，提出各式各樣的意見。

沒錯，他們很善良，很熱心。但並不是所有人都喜歡這種過度付出和討好，會讓人在相處時覺得很不舒服。

這類人常把別人的事當成自己的，甚至帶有一些救世主情結，把幫助別人當成責任和義務。

這種付出看似無私奉獻，但其實也是有所圖的。不管他們的付出是否能為對方帶來幫助，他們都需要對方接受自己的益處。一旦對方不接受，或者沒有正向回饋，他們就會為自己的付出感到委屈、痛苦。而不接受他們幫助的人，就會被定義為「不懂感恩的人」。

對於朋友的付出一定要全盤接受嗎？不接受就是辜負了友誼嗎？

當然不是，高品質的友誼，是兩個獨立的人彼此相交、相知。過度的索取與付出，都會讓人產生不適感。而讓人不舒服的友誼，就像變質的食物，已經完全失去了美味，面對這樣的朋友，必須及時遠離。

高品質的人際關係

高品質的人際關係不會消耗關係中的任何一方，在相處過程中，彼此都能感到愉悅，並且各有所得。如果你不知道如何判斷自己人際關係的品質，可以觀察以下。

☆彼此沒有虧欠感。

☆尊重彼此的邊界，不做讓對方不舒服的事情。

☆彼此真誠、坦誠，沒有算計。

☆不過度索取，不過度付出。該幫的幫，不該幫的忙不幫。

☆彼此陪伴時很開心放鬆，沒有交際應酬的疲憊感。

☆能為對方提供情感價值和情緒價值。

☆能夠站在對方的立場，為對方考慮。

每個人的精力是有限的，把有限的社交精力用來維繫高品質的人際關係，才是人際斷捨離的精髓所在。

⑤ 診斷無法放手的人際關係

「你曾為社交感到疲憊嗎？」

當我向許多已經步入社會的人提問時，得到的答案大都是肯定的，並且伴隨著無力的抱怨，又或者是近期讓他們感覺無奈的事。

「你是否曾為了消除這種疲憊而做出某種改變？」

「你知道要從哪裡開始改變嗎？」

當我繼續問這兩個問題時，這些人大多會搖頭，或者表示無能為力。

很多人已經在生活中感受到社交的疲憊，有斷捨離的願望和訴求，卻不知道該從何開始。在不知不覺中深陷人際焦慮，彷彿進入了一個無法解脫的困境。

很顯然，部分社交關係已經為我們帶來困擾，卻總是讓人難以放手，或者是不知道該如何放手。

非必要的網路社交

很多人總是說自己太忙了，忙得沒時間生活，沒時間看書，沒時間為自己做一頓飯，卻不知道自己究竟在忙什麼。

當大多數人都如此時，這種無效的忙碌就成了一種盲從，而且讓人習以為常。想從無效的忙碌和疲憊中解脫出來，很重要的第一步就是精簡網路社交。

在網路社交中，我們難免會建立很多群組。朋友群、同事群、公司群、項目群、買菜群、行業群、優惠券群、社區群……每個人都有多個不同功能的群組，但是這些群組中，有 80% 的資訊是沒有價值的，卻無聲地消耗著我們的時間。

有時候忍不住看看群組裡說了什麼，有時候和同事聊聊八卦新聞或抱怨，有時候與人爭執。我們在聊天群組裡消耗了很多碎片時間和精力，只是毫無察覺。但時間被無端消耗掉，會讓我們有效可用的時間變短，讓生活變得忙碌和疲憊。

除了聊天群組，朋友限動、社群網路貼文也同樣需要精簡社交。而網路社交的斷捨離首先要做的就是「刪除」。刪除無價值的聊天群組、刪掉廣告推銷或不知什麼時候加的好友。

其次，一個較為簡單直接的斷捨離方法是「時間管理」，做好時間規劃，逐漸減少網路社交時間。例如，原本是不限制時間的看訊息，變成只玩半小時。之後再逐漸減少網路社交頻率與次數。

此外，適度使用靜音模式，關閉不方便直接退出的群組通知、不適合直接刪除的好友，噤聲不想看到的個別好友社群貼文。善用社群功能，逐步減少不必要的精力消耗。

頻繁的消遣性聚會

偶爾與朋友相聚能讓人舒緩壓力、放鬆身心。但是頻繁的聚會消遣卻很容易讓人在不知不覺間墜入空虛。生活看似熱鬧，然而心底的某個部分卻被掏空。

一些職場上的消遣性聚會更要警惕，開始工作之後，我們接觸最多的，除了家人，便是同事。偶爾舉辦以聯絡感情為目的的聚會可以參加，但如果過度頻繁相聚，且相聚時又總是在抱怨公司，則勞心勞神。這樣的聚會毫無營養，很容易讓自己捲入不必要的紛爭。

所以，消遣性的聚會適度參加就好。為自己騰出時間和空間，多培養自己的愛好、建構自己的精神世界，才能讓生活更加充實愉悅。

不對等的聚會應酬

不對等的聚會應酬往往讓人疲憊且價值低。所謂的不對等包含了很多方面。

（1）資源不對等

很多人願意為了工作、個人發展去參加一些應酬。但現實中很多情況卻是，參加不少聚會，收了大把名片，加了很多好友，最後卻都不了了之。因為如果你沒有可交換的資源，或者你的資源沒有對等的價值，那麼這樣的應酬往往很難達到資源交換的目的。

（2）認知水準、價值觀不對等

為什麼有些親友聚會那麼令人反感？為什麼有些朋友事業成功之後，你們的關係會慢慢變淡？為什麼有些行業知名人士看起來那麼高冷？

這些人際問題其實是認知水準、價值觀的不對等造成的。有些親戚喜歡互相比較孩子的工作、收入、房子、

車子，催你結婚生孩子，因為這是他們早已固化的價值標準。

有些事業成功的朋友並非不念舊，但他們也許已經看過了廣闊的世界，有了更多的見識，有了更忙碌的生活，和老友除了反覆回憶往事，能聊的所剩無幾。

有些行業知名人士看起來「高冷」，但很可能只是你們的認知不在同一層次。說一句，你不懂，還要解釋十句，倒不如保持禮貌的社交距離。

所以，認知水準、價值觀差距較大的聚會應酬，要適度精簡，如果一定要參加，也要準備對策，提早結束。

（3）經濟條件相差懸殊

經濟條件不能當成交友基準，但若彼此相差懸殊，這種聚會也要選擇性參加。若是相處多年的好友，已經有習慣的相處模式，彼此尚可適應。如果是新朋友，雙方瞭解不足，聚會過程很可能讓彼此都不舒服。

很多人參加老同學聚會、親友聚會，結束後總會抱怨某人炫富，或者是某人規矩多、很假掰。到頭來，窮人

覺得富人炫耀，自己缺什麼對方就炫耀什麼；富人覺得窮人自卑，無論自己做什麼，對方都覺得在炫耀。

暫不論孰是孰非，這樣的矛盾本質上是因為雙方經濟條件不同，生活習慣和價值觀自然有所差異。

視角不同，世界也就不同。每個人的思維視角可以調整，但物質認知視角很難快速轉變。所以，一些經濟條件相差懸殊的聚會，若非必要情況，就可以選擇性地參加，或者不參加。

每個人都會面臨不同的交際場合。以上類別的劃分也僅是舉例。簡單來說，可以參照這樣的標準，對於你要參加的社交活動做出取捨。

盡可能地少參加消耗性的社交。包括消耗時間、精力和情緒，但所得甚少或者根本沒有收穫的社交，會讓人陷入疲倦，需要避免。

多去參加提升自我的社交。增長見識、鍛鍊能力、豐富經歷等，這類有助於自我開發和自我成長的社交，才更值得付出時間和精力經營。

第三章

整理人際關係的邏輯

如何制訂科學的人際斷捨離計畫

run away from toxic

relationships

① 真正輕鬆舒適的人際往來

你的人際關係輕鬆嗎？

你的身邊有幾個相處起來很舒服的人嗎？你和他們在一起的時候，有怎樣的感受？他們身上有哪些讓你很欣賞的特質？

思考以上問題後，如果你的腦海裡已浮現一些人的身影，恭喜你，你已經擁有舒適的人際關係。

這可能和你自己的個性、成長環境、身邊的人等因素相關，有時候甚至需要一些運氣。還有很重要的一點，舒適的人際關係，少不了用心的經營。

很可能你已經在無意之中做到了。

你願意和什麼樣的人相處

　　獲得高品質人際關係的方法並不複雜，你願意和什麼樣的人相處，那就努力先成為那樣的人，因為同頻的人更能相互吸引。

一、你可以帶來價值

　　要訣：多學習，儲備一些有價值的知識。

二、和你相處能讓人大開眼界

　　要訣：多歷練，增加各方面的見識和閱歷。

三、你能傾聽別人的想法並發表有價值的見解

　　要訣：如果能提出一點有參考價值的意見，會更好。

四、你能充分認可別人的價值

　　要訣：每個人都有優點和缺點，多讚美別人的優點。

五、你可以帶給別人快樂的心情

　　要訣：高情商的溝通能讓人獲得交流的愉悅感。

可以幫助你建立舒適
人際關係的細節

在人際關係中，有些人認為不拘小節更能彰顯真性情。但實際上，與人來往時，如果能注意到某些細節，會提升好感度。

一個性格不錯的人，如果他的外表邋遢，講話聒噪，難免會讓人想要保持距離；相對地，如果這個人外表整潔，總是面帶微笑，講話時語調溫和，能耐心傾聽，就會很容易贏得別人的信任，讓人感覺舒服。這樣的對比，證明了細節會為人際關係帶來直接影響。

注意細節在本質上是人際往來時的彼此尊重。與人來往時，哪些細節有助於我們與人建立舒適的人際關係？

外表：依場合穿得體的衣服，面貌整潔，不管是胖是瘦，都要注重外型管理，讓自己的外表保持乾淨、清爽。

舉止：站有站相，坐有坐相，來去從容。這些無言的細節裡傳遞著不可言喻的力量。

言談：講話時語調溫和，張弛有度，面帶微笑。即使碰到一些尖銳問題，得體的言談會更容易解決問題。

接觸：與優秀的朋友多交流，除了網路聯繫，適當的面對面交流更能加深瞭解，相處起來也更舒服。

即便是關係很好的同事，也不要觸碰職場禁忌

儘管很多人不看好職場中的友誼，但我相信在職場上也能交到志同道合的朋友。職場中的友誼很難得，所以也要加倍珍惜。身處同個職場環境時，為了保護彼此的關係，千萬別觸碰職場禁忌。比方，不要過問彼此的薪資。薪資是職場中的敏感問題，關係再好，也不要談論薪資相關問題。談論薪資不會讓薪資發生變化，但如果彼此之間存在差異，反而會讓人心裡有想法。

關係好的同事可以利用下班時間，給對方一點工作建議和幫助。但切忌讓關係密切的同事利用職務之便為你

做事、攀關係，這可能會為對方增加負擔，甚至帶來不必要的麻煩。

不要一起排擠別人。如果你與某位或者某些同事相處融洽，這屬於個人關係，但千萬不能利用這種關係，要求對方跟著排擠別人。這很容易讓這種親密關係上升為辦公室政治，最終消耗自己。

不要聊職場中的八卦消息。關係要好的同事，在彼此遇到困難的時候，可能會提出很好的建議，但切忌一起論人是非。抱怨一時爽，卻很容易把彼此捲入漩渦中。

就算是最親密的家人，也不要「越界」

與最親密的家人相處時，讓人感到舒適的不是加倍關愛，反而是保持距離。

很多時候，身為家人，我們會情不自禁地「越界」，總是不停表達著對家人的關愛，好像總有操不完的心。

然而，如果家人被我們以「愛」的名義綁架，我們越

管得多，就越希望家人順從自己的安排和主張，反之亦然。說到底，以愛為名，強加給對方不需要的關愛，也是一種自私。

「為你好」並不是「越界」的通行證。

作家畢淑敏曾說：**「親近地保持距離，才是最恰當的交際方式。」**

父母管教孩子，也需逐漸放手，劃清邊界；婆媳相處，也要尊重彼此隱私和感受；兄弟姐妹之間，相互獨立，才能相親相愛。親人之間保持邊界清晰的關係，相處起來才會如沐春風……任何理想的人際關係，都需要一點一滴地構建與經營。

以下分享避免家人越界的小技巧：

☆如果你的家人總是說「為你好」，卻做一些越界的事，你要問問自己，真的需要他這樣做嗎？如果你的答案是否定的，希望你鼓足勇氣拒絕，並告知自己的解決方案，避免對方因為擔心而進一步強迫你接受。

☆如果你的家人總是「越界」，建議你降低對他們會
改變的期望。因為他們要是能改，早就改了。但可以藉
由自我獨立來保持一定程度的距離，相見時，在小事上
順從他們；獨立生活時，順從你的本心。

讓人願意真誠交往下去的朋友

人際關係的整理並不複雜。將你覺得不舒適的人際關
係斷捨離，需要繼續交往的朋友維持在舒服的距離，並
找到最值得深交的朋友，真誠地交往下去。

《增廣賢文》^{（註）}裡有三句俗語，把在交朋友層面上
的「斷捨離」，說得很透徹。

「知音說與知音聽，不是知音莫與彈」，這是「斷」。

「志不同己，不必強合」，跟自己價值觀不合的人，
沒必要強逼自己與他往來，這是「捨」。

「相識滿天下，知心能幾人」，你認識的人非常多，
但是跟你交心的沒有幾個，這是「離」的基礎。

在你目前的人際關係中，哪些朋友值得你繼續深入地交往下去？你可以利用以下的問題，循序漸進地找到內心答案。

☆如果你的時間所剩不多，你希望在有限的時間裡和什麼樣的人一起渡過？

☆描述你們相處時的場景。

☆他們在情緒、價值觀、知識層面，為你帶來什麼樣的正向價值？

☆和他們在一起的時候，你的情緒是怎樣的？

☆今後你想和這些人如何深入往來？

☆寫下他們的名字。

真正輕鬆舒適的人際往來，能讓人如沐春風，能在交流過程讓人變得愉悅。你如何經營，決定了你擁有什麼樣的社交圈。

註：《增廣賢文》是中國大陸的兒童啟蒙書，成書時期約為明代。內容集結各種格言、諺語，從禮儀道德、典章制度到風物典故、天文地理等，幾乎無所不包。

② 得與失的能量守恆

能量既不會憑空產生，也不會憑空消失，它只會從一種形式轉化為另一種形式，或者從一個物體轉移到另一個物體，這就是能量守恆定律。

其實能量守恆定律不只適用於物理學，同樣適用於人際往來。你失去了某段關係，或許會有另外收穫。「塞翁失馬，焉知非福？」此話簡單，卻有其道理。

每個人的時間和精力都有限，如何分配這些有限的能量，決定著我們收穫什麼樣的人生。有人減少社交，改經營副業；有人推掉飯局，假日陪伴孩子；有人拒絕了朋友的約會，經營與客戶的關係等，各人選擇不同。

想要收穫高價值的成果，那麼就必須高效率地分配自己的能量。當然，這裡的高價值，並不是單指賺更多的

錢和事業的發展，而是一種幸福的目標，至於這個幸福的目標是什麼，則因人而異。

與自我溝通，釐清需求與目標

在人際關係中應如何取捨？釐清需求和目標，才能確立取捨的標準。

如果你想拼事業、有更好發展，可減少消遣性質的聚會，以提升專業度、資源為目標參與相關的社交圈。若你從事創作，不妨多結交有經驗的作者、編輯，參加這些圈子的社交活動。如果你從事銷售工作，一方面結交前輩、吸取過來人的工作經驗和建議；另一方面則要結交潛在客戶，多累積人脈資源。

如果你嚮往安穩、靜好的生活，就需評估人際關係，比方減少應酬，留更多時間陪伴家人、好友，或是發展興趣嗜好。

　　總之，釐清自己的需求，與自己進行深入對話，整理社交關係時才會有明確的思路。

　　人際斷捨離的目標不是不社交、不交際，社交的頻率與次數也和人際關係品質沒有直接關係，而是為了從中獲得更高的社交價值。

　　身為業務，可能人脈很廣，經常聚會應酬；身為文藝創作者，或許只有三兩好友時常小聚。但如果能藉由社交不斷提升自己的生活品質，朝著自己的目標前進，那他們都屬於擁有高品質的人際關係。

興趣導向，愉悅生活

　　人不是機器，不能只為了工作而活。那麼相對地，社交生活也不可能完全以工作導向為目的。所以，消遣性質社交也是每個人生活中的重要部分。

　　沒有興趣愛好的人，連日常消遣都是盲目的。吃飯、逛街、看電影……漫無目的地參與社交，只能獲得即時

的娛樂。更舒適且理想的消遣性社交是興趣社交。發掘自己的興趣所在，接觸真正適合自己的圈子，在培養興趣的過程中找到愉悅感。

例如，有人喜歡閱讀，和志同道合的書友分享書籍。時間久了，書讀多了，談吐和生活態度都會有大幅度的品質提升。

有人喜歡打球，和圈子裡的球友相聚打球，放鬆壓力，球技也會越發純熟。

有人喜歡繪畫，找志趣相投的夥伴們一起提升畫技，不僅越畫越好，還可能將興趣變成副業，甚至是主業。

大家不妨多發展這部分，因為，**興趣愛好的圈子帶來的愉悅感有著連續性和持久性，而隨著時間的推移，累積的幸福感和價值感也會越來越高。**

利益導向，兼顧現實

我們嚮往幸福的生活，但我們也生活在現實之中，若拋卻現實，只談理想，一切都是空談。現實是我們無法忽視的一座大山，沒有經濟實力，便無法有自信地生活。所以，我們在考慮人際關係的得與失的時候，得一併考量現實問題。

例如，和家人相伴的確可以增加精神和情感領域的豐盛，但和客戶應酬，或許能達成業績、收穫更多工作上的機會。這也是很多奮鬥中的職場人士所面臨的抉擇，魚與熊掌，實難兼得。倘若你家境一般，渴望更好的生活而不得不奮鬥的時候，建議充分考慮自己的職涯前途，再合理地分配時間和精力。因為守護幸福不只是對於情感的守護，顧及與家人共同生活的經濟基礎同樣不可或缺。

另外，社交時間的分配也是有階段性的。在事業起步初期、經濟壓力較大時，事業目標、經濟目標必然要排

在首位。當經濟壓力、職業壓力得到舒緩的時候，可以調整自己的社交時間，留出更多時間陪伴家人。

總而言之，得與失在某種程度上是「能量」守恆的，很多人被動地社交，得失隨緣，所以人生很容易失控，更容易產生無奈感或者無力感。**有意識地分配社交能量，有目標地選擇得失，才能真正地掌握人生。**

③ 建立明確的社交邊界

我曾有很長一段時間有意逃離和迴避社交，但疲憊感
仍然揮之不去。於是，我開始認真地整理自己的社交關
係，抽絲剝繭後發現，原來是「社交邊界」出了問題。

小時候，我們想和朋友靠得很近，恨不得形影不離，
把所有的故事和好東西都跟朋友分享。但當我們長大成
人，從年幼的情感型友誼逐漸轉向社會性往來時，交往
規則也出現了改變，我們越來越渴望有自我空間。

這也就意味著，人與人之間，並不是距離越近越好。
然而並非所有人都能夠意識到這一點。所以，當問題出
現後，很多人始終沒有找到根源。朋友換了幾輪，疲憊
感始終揮之不去。

社交邊界的缺失，很容易讓人際關係變得很累。無論是你對別人的過度關心，還是別人對你過度干涉，都會讓彼此的社交關係變得沉重，令人焦慮。

例如，你的朋友遇到感情問題，你苦口婆心地說了一大堆話勸她分手，對方卻淡淡地回了一句：「我想先靜一靜！」你會莫名地產生一種失落感，覺得自己好心相勸，卻換來冷漠，甚至會認為這個朋友真有點差勁，自己在社交中的付出被辜負、不值得。

又或者，你的朋友總是喜歡麻煩你做各種大小事，如果你拒絕或不悅，對方就指責你小氣，彷彿不幫忙他是不應該的。

很多社交困境其實是因為沒有掌握好距離和尺度，於是失去邊界感。

無論我們是越界者，還是被侵犯者，都會讓彼此的社交關係變得沉重。

你的社交邊界清晰嗎

相信面對這樣的問題時，很多人的答案是模糊的，很難進行自我判定。那麼可參考以下幾種特徵。

☆過分熱心，把身邊人的事當成自己的事情般重視，有救世主情結。

☆試圖以討好、承諾、示弱等方式，使別人順從自己的意願。

☆過度依賴，把自己該做的事和該承擔的責任，以各式各樣的方式推給別人。

☆為了讓對方開心或對自己讚賞，而迎合對方。

☆不自覺地猜測、揣摩對方的心思。

☆知道別人對自己的想法後，有明顯的情緒變化。

☆害怕某人與自己的關係疏遠。

☆如果對方不和自己分享祕密，就認為不算朋友。

　　以上幾種特徵中，如果有四項以上與你的情況吻合，就代表你的社交邊界處於模糊的狀態，需要適當調整。

　　每個人的心裡都有一間房子，房子裡裝著自己的心理財產。而這間房子需要有明確的邊界線，就像院子需要有圍欄一樣。

　　這種邊界在心理學上被稱作心理界限。人或動物都會盡力地維護自己的兩種生存空間——物理空間和心理空間，而這種空間與外界的界限就是邊界。心理邊界是為了將自己的心理空間與他人區隔開來，以保有自己的個性，並保護自己的內心。

　　如果你的心理邊界不明晰，那麼你的心理財產就會被人任意取用，你也會慢慢失去自我，變得焦慮不已，失去安全感。

如何建立心理邊界

建立心理邊界其實沒那麼難。最重要的，是你要建立一個觀點：並不是人與人的社交距離越近，社交品質就越高。

很多人常常打著「為你好」的名義，對親人、愛人、朋友過度干涉。以至於你明明看起來有那麼多人關愛，卻覺得疲憊不堪。這其實都是因為你與人相處的過程中，不知不覺地模糊了往來的邊界。

比起毫無限度的關心，人與人之間的相處，更重要的是給予對方尊重。

別用任何名義讓別人為自己無償付出是一種尊重，比方有些人會說「我寫的企劃案太爛了，拜託幫我改改吧！」或者自以為是地對別人的工作指指點點，比如：「你這個設計，主管一定不喜歡。」像這類的做法，真的很糟糕。

　　尊重對方的隱私，不要過度關心別人的家務事，更不要用自以為是的幽默，對別人的私事加以調侃。即使對方當下一笑置之，但時間久了，次數多了，對方就會對你敬而遠之。

　　還有一點得留意，我們平時會習慣性地和不太熟悉的人保持距離，但面對好朋友時就放鬆下來。但這種放鬆有時候反而是「陷阱」，即便是最好的朋友，我們也要充分尊重對方的私人空間。

　　人與人往來的過程中，會不斷地試探彼此的界線，隨著瞭解的加深，雙方之間最終形成一個相對固定的距離。所以，**起初與人往來時，就要及時展現自己的邊界，也就是確定自己在社交中最不能容忍什麼事。**

　　例如，你格外討厭別人使用自己的東西、你非常介意別人打探自己的隱私，諸如此類。在確立了自己的心理舒適區之後，你還要及時在人際關係中表示出來。

　　一方面，在日常往來中展現邊界感。你可以採用這樣的說法，例如：

「我有點強迫症，所有的東西都要在固定位置。」

「我喜歡直來直往地溝通，不太喜歡寒暄的環節。」

「我有點『小潔癖』，別人動了我的東西，我都會忍不住擦拭一遍……。」

與人聊天時，藉機挑明自己的態度，先讓別人留下一定的印象。

另一方面，當別人觸碰到你的邊界時，你要及時地亮出自己的原則。

舉例來說，如果別人和你開了個你認為有些過分的玩笑，或別人經常驅使你去做某件你不願意做的事，你應該及時表明自己的態度。

例如，「我覺得這個玩笑一點都不好笑。」、「我現在很忙，不方便幫你做這件事。」或者你可以為對方提供方法或訣竅，間接輔助對方完成。

即使這個亮出邊界的做法在當下會讓對方感到不悅，也不要礙於面子一聲不吭。反之，在與人往來的過程中，如果別人對你的某些行為發出了警示，那麼你就要

　　思考，是不是自己觸碰到別人的心理邊界，並且停止自己的越界行為。

　　在心理學上，有一個「刺蝟法則」。它是指兩隻刺蝟，在寒冷的冬天裡為了互相取暖，而保持一個適度的距離，這樣不但能相互取暖，還能夠妥善地保護對方不被自己傷害。**其實每個人的心裡都住著一隻刺蝟，關係再好的朋友也要保持距離。這是對他人的保護，也是對自己的尊重。**

④ 為自己列一張朋友清單

你會把身旁所有朋友進行分類嗎？你又是如何理解
「朋友」的？

明代有個叫蘇浚的文人，他總結了四種朋友關係。分
別是畏友、密友、昵友和賊友。蘇浚進而解釋了這四種
朋友關係。

畏友，以道義互相砥礪，有過失互相規勸。

**密友，不論是在平時，還是在危急的時候，都可以處
得來，在生死關頭仍可以依靠。**

昵友，甜言蜜語像糖似的，以吃喝玩樂相來往。

賊友，利益當前可以為友，遇到麻煩會互相拆臺。

我剛進入職場時，一位要好的同事和我分享，他會
把朋友分類，哪些朋友可以親密相處，哪些只是泛泛

之交。當時我很驚訝，因為自己先前從來沒有這樣的意識。以往交朋友都是處得來就相處，處不來就分開，沒想過對朋友進行分類，甚至是思考、定義往來的深度。

進入社會工作多年之後，有天我想起這位同事的話，突然覺得把朋友分成不同類別是很有意義的事。用不同的方式對待每種社交關係，是經營高品質人際關係的好方法。

你有多少個朋友？

「你有多少個朋友？」

當我向別人提出這個問題的時候，通常會得到這樣的答案。

「我有三個關係不錯的朋友。」

「我有一個從高中開始就一起玩的姊妹淘，還有四五個經常聯繫的朋友。」

「我有兩個關係不錯的兄弟，還有三個工作上比較聊

得來的同事。」

多數人習慣了以關係親密程度、往來時間、聯繫頻率，當作區分朋友的關鍵指標。進而又以一種順其自然的態度繼續社交。這種順其自然在某種程度上是盲目的，讓人看不清自己的朋友關係，後續產生交際困擾的時候，又找不到癥結所在。

我們很容易因為聯繫緊密，或者相識時間長，而對某個人全然信任。但事實上，有些朋友只適合談工作，對別的不感興趣；有些朋友只適合和你溝通情緒，興趣嗜好不一定相同；有些朋友適合吃飯聚餐，並不適合深聊……諸如此類。

在「模糊的信任」下，常會發生一些糟糕的狀況。比如，與朋友投資合夥做生意，可能賠上金錢和友誼，因為這個朋友的經營能力可能不強。再比如，把自己敏感的心事說給朋友聽，卻沒有得到任何積極的回饋，或許這位朋友在聊愛好時很投緣，卻不會安慰人，或者不喜歡談論個人隱私。又或者頻繁地聯繫某位聊得來的朋

友，但對方卻不喜歡太常聯繫。

如果把朋友做好分類，或許與他們來往時，彼此都會更加舒適。

列出你的朋友分類清單

對朋友進行分類，能讓我們看清自己的社交訴求，知道自己交了什麼樣的好友、想要結交什麼樣的朋友，以及如何跟不同類型的朋友往來。根據關係遠近，每個人大概會有以下幾類朋友。

核心摯友：志趣相投、價值觀相似。願意為彼此付出較多的時間和精力。與對方相處時感到愉快，願意和對方分享自己的悲喜。

普通朋友：可能是多年的老同學，也可能剛認識不久。相互聊得來、彼此欣賞，保持一定的溝通頻率，但不會過度親密。

穩定社交圈的朋友：需要定期往來的職場關係、利益
關係或有親緣關係的人；還有興趣圈子，因為某個興趣
愛好，常保持一定頻率的溝通。

低頻率社交圈子內的朋友：短暫相識或是素未謀面的
人，偶然產生交集，溝通頻率低。

另外，根據朋友的主要共同點，劃分朋友關係，也更
能幫我們釐清如何與朋友交際。

興趣相投的朋友：有共同興趣愛好的人。

事業上的朋友：關係不錯的同事或者同行，以及一些
人脈資源。

親緣朋友：親屬關係不錯，能當朋友相處的人。

知心朋友：可以相互陪伴、價值觀相似，在精神上有
深度共鳴，彼此能聊心事的人。

你也可以自行擬定朋友類別。比如，適合一起分享好
物的朋友、適合一起聊心事的朋友、適合一起約吃飯逛
街的朋友、適合一起分享職場點滴的朋友、適合一起結
伴健身運動的朋友……。

　　以上思考方式僅供參考，大家也可以按照自己的思路劃分。朋友不在於多，而在於精。不妨現在就列一張自己的朋友清單吧！

⑤ 循序漸進擬定斷捨離計畫

　　如何開始人際斷捨離？你有人際斷捨離的計畫嗎？我和一些正為人際關係煩惱的人溝通時發現，很多人的計畫性都很差。他們並不認為自己人際關係的混亂和疲憊，與計畫性的缺失有什麼關係。

　　例如，我向某人詢問關於人際關係整理的計畫時，他顯得很茫然。他思考一會兒後的答案是，希望社交別這麼累，多點自己的時間，再無其他。

　　當我繼續追問他要如何實現這個目標、如何執行時，他回答：「慢慢減少一點應酬。」提到應酬時，他打開了話匣子，開始抱怨自己在人際關係中身不由己，某某人不老實，後悔當初不該對他太好；某某人很討厭，不值得深交……。

　　從以上溝通過程中可以看出，他對於人際關係的整理既沒有目標，也沒有計畫性，只是走一步算一步。然而這不是個案，反倒是很普遍的現象。

　　很多人陷入困境時找不到問題根源，所以更容易抱怨外部環境，認為自己沒有問題。趨利避害、自我粉飾，這是人的本性。然而一旦陷入這種自我麻痺中，就容易模糊目標，沒有計畫就很難突破人際困境。

　　所有的改變都需要過程，我們必須制訂一個循序漸進的計畫，才能達成人際關係斷捨離的目標。

制訂科學計畫

　　在人際關係斷捨離的過程中，可參考管理學中的 SMART 原則制訂計畫。「S」代表具體（Specific），「M」代表可衡量（Measurable），「A」代表可實現（Attainable），「R」代表相關性（Relevant），「T」代表有時限（Time-bound）。

例如：

☆將過多的聊天群組精簡化，只留下真正重要的。

☆刪掉所有廣告推銷。

☆每週只參加一次聚會。

☆嘗試與三個不喜歡的人疏遠。

☆和三個人（或以內）保持深度聯繫。

☆用六週的時間精簡社交，每週為自己留出六小時私
人時間。

階段性計畫

人際斷捨離計畫必須有階段性，大致可分為兩階段。

第一階段：斷捨離

首先，減少過度泛濫的低層次社交。發達的網路帶來
了過剩的資訊，這些資訊不斷地入侵我們的社交生活，
無論是消息氾濫的朋友圈或讓人沉迷的手機娛樂軟體
……多數人低頭看手機，沉迷於刷朋友限動和短影片，

其實就是為了滿足好奇心。欲望得到滿足後，人就會感到空虛無聊，還會覺得眼睛痠痛、大腦疲勞。而且，把大量的時間和精力花在各種未過濾的社交活動上，不僅收穫有限，還讓自己更焦慮。因為我們發現別人成功得如此簡單，自己的生活卻毫無起色；別人的生活多采多姿，而自己的生活單調又乏味。

無論是資訊成癮，還是社交成癮，根據研究顯示，如果能夠有意識地減少上網時間，就可以讓自己的日常生活更有計畫性，讓自己充實起來。這是整理社交關係的第一階段，也是重要基礎。

第二階段：整理關係

把不同的關係逐漸調整到舒服的距離，緩解人際關係中的疲憊感，並從中獲得越來越多正能量。

☆友誼關係：與不同的朋友保持距離，關係好的深度往來，關係遠的保持禮貌距離，並遠離讓你感到不舒服的人。

☆資源關係：平等的資源置換，禮尚往來，不過度給予或索取。

☆親友關係：按照親情的親密程度，保持適當的往來頻率。

計畫梳理清單

你可以根據自我目標，先回答以下問題，再逐步安排人際斷捨離計畫。藉此循序漸進地減少讓你疲憊但無法規避的對象的交流時間，將彼此關係固定在舒適範圍，進而實現自己的目標。

☆你是否為人際關係感到疲憊？

☆你希望花多長時間解決或者緩解社交疲憊？

☆你日常社交的時間如何分配？

☆你每天大概花多久時間在網路社交上？

☆你每月會參加幾次社交聚會？

☆你覺得有哪些社交時間是價值不高的？

☆哪些應酬是你不願意參加的？

☆你有幾個值得花時間深交的朋友？

☆你有哪些朋友不值得深交？

美好的結果源自合理的計畫，此刻，請列出你的斷捨

離計畫清單吧。

⑥ 「不放水」的執行者

大部分人應該都有這樣的經歷：總會為自己制訂一些目標和計畫，例如早睡早起、讀書學習、減肥健身等。但過了一段時間，設定好的目標就被拋到九霄雲外。

因為，人們在執行過程中總是不知不覺放過自己，不斷降低標準、虎頭蛇尾、敷衍了事。想在生活和工作中，都持續「不放水」其實並不容易。

追蹤結果

說個小故事，有位古人，總覺得自己每天都會做一些錯事，為了少犯錯誤，他想了個主意：拿出一個碗、一包黃豆、一包綠豆，每天只要做一件好事就把一顆黃豆

放進碗裡，做了一件錯事就把一顆綠豆放進碗裡。

每天晚上睡覺之前，他就數一數碗裡有多少顆黃豆、多少顆綠豆，想一想自己今天做了哪些好事、哪些壞事。就這樣日復一日，黃豆逐漸增多，而綠豆日漸減少。

從這個小故事中，我們可以看到每天監督自己的好處：無論做了什麼事情，每天睡覺前都再次自我省察，哪些該做、哪些不該做，該做的事情又有哪些做得不好，該怎樣改進。如此才能不停進步，避免停滯不前。

我們制訂計畫後，就必須每天檢查完成情況，這樣才能督促自己改進，真正執行到位，讓計畫有效實施。

這個道理也同樣適用於人際關係斷捨離的計畫，一旦開始了，就應該努力成為一個「不放水」的執行者。

如何讓自己「不放水」

很多人無法堅定地執行人際斷捨離計畫，是因為迴避困難的心理，或心有不甘，放不下執念。比如：分手後捨不得前任，反覆瀏覽前任的網路貼文，看著他／她交了新對象展開新生活，自己傷心難過；或是，曾有個非常要好的朋友，因為某件事而漸行漸遠，對方逐漸有了新的圈子，你卻還沉浸在失去的情緒中走不出來。

失去的感覺並不好過，但不做改變，就註定在過去裡越陷越深，讓痛苦把自己越纏越緊。所以，要有與不值得的關係斷捨離的勇氣，並堅定改變的信念。拒絕接受不需要的東西，捨棄一些對事、對人的執念。

想具體執行計畫，可嘗試採取以下措施：

（1）確定目標實際可行

錯誤目標：每天跟一個不喜歡的人斷絕往來。這個目標聽起來不錯，但卻很難實施。

正確目標：一週不聯繫前男友，兩週後刪掉一些照片

……真正有效的目標是具體、可量化、可實現的。

（2）對自己寬容一些，給自己一些時間

很多人明明可以因為自己做到某事而感到開心，但卻為了做不到一些事而苛責自己。時間久了，會對自己越來越失望。因此，不要過分關注「做不到的事情」，要允許自己偶爾犯個錯。

唯有原諒自己，擺脫自責情緒，才能毫不氣餒地執行計畫，面對挑戰。

（3）打卡記錄，成就感是堅持的動力

為了後續的檢查和調整，一定要認真做記錄，方式很多，可以用筆記本或手機 App 等，任何形式都可以，重點是讓結果可見。

當你堅持一段時間後，就會產生「我也能做到」的成就感，也會更主動地持續堅持下去。

（4）驗收計畫，獎勵結果

很多人做事經常半途而廢，根本原因在於，他們從未想過為自己的執行過程設立目標驗收。

要為自己確立一個指引的燈塔，或者熬一鍋能好好鼓勵自己的「心靈雞湯」，每當累了想放棄的時候，立即為自己加油打氣，感受「不放水」帶來的甜頭，除了精神上的自我激勵，還可以給自己一些物質上的獎勵。

當下的每一分堅持，都會在不遠的將來得到回饋，讓你的人際關係變得清爽而舒適。

第四章

清理人際關係的死角

如何應對難搞的情況

run away from toxic

relationships

① 人際斷捨離初期的不良反應

　　要做出改變真的很難，我們很容易在稍做改變後又回到最初狀態，每個人難免都會如此，包括調整自己的人際關係。

　　為人際關係減輕負擔是一個美好的願望，但有時候，當你下定決心進行人際關係斷捨離時，會感到焦躁不安，甚至有一種莫名的失落感。

　　於是信念漸漸破碎，一切恢復如初。如此一來，循環往復，再度使自己苦不堪言。

　　其實你明知道有些人際關係實無必要，但真要捨棄之時，冥冥中彷彿有股力量在阻撓，於是猶豫不決，又或者最終妥協。

為什麼精簡人際關係會讓人如此不安，為什麼會出現許多難以控制的心理「不良反應」？

敏感──內心深處的驚濤駭浪

身處同個世界裡的人們，看到的世界卻是不同的。因為我們看到的世界，其實是心靈的投影。

所以，對別人來說無關緊要的事，可能在你心中已掀起驚濤駭浪。明明是無關緊要的社交關係，或許會被你無限放大，以至於影響你的判斷、打亂你的計畫。

比如，你週末原本打算安安靜靜地欣賞一部電影，但朋友邀你一起去喝酒，你可能會產生聯想：「如果自己不去赴約，朋友也許會介意，下一次自己約他，可能對方也會拒絕，這樣關係就會疏遠。」於是你便放棄看電影，答應了邀約。但可能對朋友來說，他只是禮貌性地詢問，並不強求。

比如，一個偶然相識或是關係生疏的朋友找你幫忙，

你想拒絕，卻怕對方誤解自己，怕他對你們共同的朋友抱怨，敗壞你的名聲。但或許，對方只是嘗試問問。

當我們對人際關係做出改變的時候，敏感放大了我們的一切感受，產生一系列的糟糕聯想，以及漫無邊際的恐懼感。

當下會有這些念頭：這該怎麼辦？腦袋不聽話了，控制不了胡思亂想，控制不了緊張的心情……。

沒錯，我們有時候明白這些道理，但卻沒那麼容易掌控內心，我們無法直接命令自己停止敏感。

但如果你意識到自己是個內心敏感的人，並因此感到困擾，這已經是一個不錯的開始。

接下來，幾個小方法，可以嘗試看看。

（1）閱讀心理學相關知識

有時候，我們之所以感到困擾，是因為不夠瞭解自己的內心。閱讀心理學相關知識，相當於掃描內心世界。這可以幫你學會客觀思考，像一個冷靜的旁觀者一樣，去拆解隱藏在自己心中隱密角落的敏感和緊張。先看

透、看清自己，才能在敏感時刻，像對待好朋友一樣勸慰自己。

（2）冥想練習

讓自己進入一種全身心的平靜狀態，讓內心的敏感慢下來，並試著為自己植入一些正向的念頭。比如，有時候你擔心自己若沒有幫助朋友，他心中可能因此有介蒂，這時不妨轉念：「朋友一定不會介意我的拒絕。而且，就算他真的不高興了，又怎麼樣呢？總不會因為自己的拒絕而斷了關係。就算真的斷了，這樣的關係就不值得苦苦維繫。」藉由植入這樣的念頭，一層層地思考，很多敏感帶來的焦慮和恐懼會隨之緩解。

（3）調整思考的方向

敏感會帶來多慮，如果你很難讓思考停下來，那就調整思考的方向。當你想改變人際關係而感到煩惱時，去想想其他更重要的事。比如，思考一下未來的規劃，想想自己週末的行程，甚至是明天早餐、午餐、晚餐吃什麼，諸如此類。嘗試瞻望未來，更容易讓人從當下的人

際苦惱中抽離出來。

（4）尋找適合自己的宣洩方式

內心敏感的人，在需要改變的時候會因為胡思亂想而焦慮不安，在這種情緒的驅動下，會不自覺地將行為調整為過去感到安心的狀態。找到適合自己的宣洩方式，以疏通情緒，也較容易平復敏感狀態。例如，當你對某些人和事感到不安時，試著做些能平復情緒的事，然後觀察哪種方式能最快、最有效地讓自己放鬆。下次遇到類似的情緒問題時，就可以直接使用這種方法，幫助平復情緒。

迷茫——立定目標弭平焦慮

很多人之所以會在捨棄一段人際關係時感到不安，是因為處於迷茫階段，不明白自己想要的是什麼，所以才會患得患失。

如果你臨時有個空檔，又沒計畫要做什麼，可能又會覺得以前應酬雖然多，但至少可以打發時間，不至於那麼無趣。

如果主管交代一項任務，即使工作量很大，事情很多，限期一週內完成。時間緊、任務重，就算每天加班都不一定能夠完成。此時其他同事邀你一起去唱歌、聚餐，你肯定會毫不猶豫地拒絕。

這就是「目標的力量」，它能給你一個清晰的方向。倘若你有了堅定的目標，那麼你一定會明白什麼東西不能捨棄，什麼東西應該捨棄，什麼東西必須捨棄。

此時的你，需要做的是先找好一個想要的方向，立足於某個基準點，然後不顧一切，朝著這個方向披荊斬棘

地勇敢前進。

比如，你想要每週多留些時間陪伴家人；你想學習一項新技能、你想要做副業、你想做自媒體⋯⋯。

有了堅定的目標之後，你會發現，低品質的人際關係似乎成為前進的絆腳石。當時間縫隙被更多有意義的事情填滿，強烈的焦慮和不安會慢慢減少。

善良——溫暖他人的「中央空調」

聰明是一種天賦，善良是一種選擇。但是如果你的善良沒有一點鋒芒，最終會讓自己遍體鱗傷。

太過善良有時會成為一個弱點，會被別人利用，不斷試探你的底線。

比如，在工作中，明明是主管安排給同事的工作，同事卻找藉口說很忙，請你幫忙處理。假如此時你欣然應允，第二次主管再安排事情給對方，對方見你上次答應得如此爽快，必定會找各種藉口讓你來做這件事。

當然，並非所有人都如此，有時難免會遇到職場上的「老油條」，能甩鍋就甩鍋，邀功時卻每次都衝第一。若遇到這種人，何必為了職場人際關係，讓自己成為工具人呢？做好自己的本分工作，在心有餘、力且足的時候可以適當幫助同事，但不能一味地妥協退讓。

因為善良，所以你總是無法斷絕無用的社交關係。像「中央空調」一般，用自己的暖風溫暖他人，卻不斷地磨損消耗自己的能量。

其實大可不必如此待人，許多時候，你自以為的誠心相對，推己及人，可能在別人眼中可有可無。

或許你偶爾的鋒芒，該拒絕便拒絕的氣魄，反而會讓同事、朋友更加重視你、欣賞你。

② 不要高估你和任何人的關係

我們常說，出門靠朋友，朋友多了路好走。殊不知，更關鍵的是，朋友不在多，就怕遇事縮。

你累了，有人會說「累了就辭職吧」，但他不會給你錢花；你生病了，有人會說「多喝溫開水」，但他不會把藥送到你家樓下。

當你真正遇到困難，急需金錢周轉時，那些平日裡跟你交情很好、有事沒事小酌幾杯的人，有幾個會給你實質性的幫助？

即便是鄰居、同事、最好的朋友，甚至是最親的人，每個人心裡也都有自己的小算盤。有這樣一句廣為流傳的話：「如果你想失去這個好朋友，那就和他合夥做生意；如果你想失去這個親戚，也是和他做生意。」無論

生意是虧是賺，都是如此。因為人性經不起考驗。社會上的人際關係很現實，很多人願意錦上添花，卻少有人雪中送炭。

所以，**與人往來應保持真誠和善良，但永遠不要高估和任何人的關係。**

你以為很重要 ≠ 別人也覺得重要

心理學中有一種「聚光燈效應」，指的是人們會不經意地把自己的問題放到無限大。

比如，在演講中出現一點失誤，其實這件事或許只有你知道，也只有你在意，即便別人當下可能會有所議論，但是事情過後就會忘記，而你卻一直陷在所謂的失誤帶來的悔恨裡。

在人際關係中，更要避免這種「聚光燈效應」。

把自己當成一個普通人，允許自己犯錯，讓心態平穩，不對人際關係做任何過度的解讀。

　　比如，你跟一個認識的人打招呼，對方沒有理你。你的心中可能就會產生「聚光燈效應」，開始胡思亂想：「我跟他打招呼，但他都不理我，是不是我哪裡得罪他了？他是不是不喜歡我？」當然不排除有這種可能。但是被人喜歡和討厭，都是很正常的事情。

　　在社交中，不僅僅是放大問題，有的人還會放大自己的位置。在日常生活中，我們見過太多「好好先生／小姐」的角色，他們心裡似乎有個放大鏡，總是小心謹慎地維持一切關係，認為自己對於他人很重要。事實上，也許你以為與某個人關係很好，但在別人看來，你們不過是普通朋友而已。

　　放大自己的問題，放大人際關係中的細節，放大自己在人際關係中的位置，這些想法引起的思慮在心中不停疊加，會讓人際關係越加沉重。

不高估自己，允許期待落空

為什麼你不快樂？因為你總是在期待一個「結果」。

看一本書就期待自己變得有深度，跳一跳瘦身操就期待自己能瘦下來，發一篇限動就期待留言、按讚，對別人好就期待得到等價回報⋯⋯。

這些期待如果實現了，就會讓你鬆一口氣；若是沒實現，則開始自我反省，是哪個環節出了錯⋯⋯其實完全沒必要如此。

在人際關係中，我們要學會看淡人來人往，**不再糾結於人情冷暖，允許期待落空，這會讓你更容易擁抱真正的快樂。**

你以為的情深義重，在別人眼裡也許一文不值；你以為的掏心掏肺，也許別人轉身就忘得一乾二淨。

人心是世上最複雜的東西，不經一事，根本不知道自己在別人心裡有多少份量。我們要學會擺正自己的位置，認清自己的處境，不高估自我，便沒有落空；不過

度依賴，便不會有巨大的傷害。

　　不值得的人永遠是不值得的人，讓你失望的人也不會只讓你失望一次，與其把感情浪費在這些錯誤的人身上，不如放下執念，讓自己能夠獨立行走。因為快樂永遠掌握在自己手中，而不是存在與別人的關係裡。

　　與人相處時，允許期待落空，是一種自我成全，也是對別人的成全。

捨棄無用的關心和人情

　　生活中有太多的好心人、太多的情面在拉扯著你，輕裝前行的第一步是捨棄無用的關心和人情，別和不值得的人糾纏。

　　很多時候，擊垮人的並非多大的難題，而是一些非常瑣碎的小事。因為那些看似微不足道的小事，會無止境地消耗人的精力。

　　有些人打著「為你好」的名義，肆無忌憚地侵犯你的

私人空間和精神領域，逼得你進退兩難，備受煎熬。有時候你為了維持表面友好的關係，與人相互客套，說著不感興趣的話題。

如果你為此感到煩惱或痛苦，又為難於不知如何改變，大多是因為你還沒有認清，**這種以消耗自我為代價維持的關係，根本沒有想像中那麼重要和不可失去。**

與其花時間參加不感興趣的聚會應酬，還不如把時間留下來，看展覽、學個有興趣的技能……哪怕是窩在家裡追喜歡的劇、看本好書也可以。用時間好好取悅自己，才是最放鬆的消遣。

③ 解放彼此難道不值得慶祝嗎

　　我們總是習慣以自己的視角去看待世界。自己感到冷的時候，便會告訴家人加件衣服；自己脆弱，便自認為他人也很容易受傷。

　　在社交中也是如此，很容易出現一些類似情況。自己敏感多思慮，也會認為對方容易多想。於是，在與人往來時變得格外小心謹慎。

　　事實上，由此產生的社交疲憊，都是自找的。**最好的社交狀態，是雙方都舒服且自在，是不喧囂且有意義的相處。**讓自己沉澱和放鬆下來，不過度揣測人心，把更多的精力放在關心自己身上，才能真正地卸下社交帶來的重擔。

「被迫營業」的你，真的快樂嗎

用友善的態度「被迫營業」，成了大多數人為獲得更好的生活而做出的選擇。

即使無奈，也只能安慰自己，都是為了生活，把「被迫營業」當作成年人世界的規則。

心裡明明想對某個人或者某件事情說「不」，結果卻礙於面子，硬生生地把這個字吞下肚。這種違心的接受容易化為一種無形的壓抑，讓自己蓄積許多負能量。

經常「被迫營業」很容易讓自己淪為「工具人」，當付出變成理所當然，社交的壓力便會不斷增加，直至將人壓垮。

「被迫營業」的「被迫」，很多時候看似被他人所迫，但事實上，真正為難自己的那個人，卻是自己。

人脈是人脈，人情是人情

生活在社會中，總免不了一些人情世故，要和人打交道、交朋友。但總是有很多人將「人脈」和「人情」混為一談。

很多人認為，只要廣交朋友，在關鍵時刻便能用上，於是花費大量精力維持人情世故，遇到事情時，就託關係、找朋友，想辦法優先使用人情，以此來解決問題。

然而，很多事情使用人情的效果並不明顯，反而是為自己徒增人情包袱，而人情是世上最難還的債。

人脈連結依靠的是可交換的價值，並不是廣交朋友就有廣闊而堅固的人脈。

另外，每個人衡量人情的尺度不同，當你被朋友拒絕時，或許會認為朋友薄情，枉費自己曾經的付出。但對方可能會覺得，先前在其他事情上曾幫助過你，他認為互不相欠。因此，一來二去，生了嫌隙。

拋棄變質的關係

變質的朋友和變質的食物一樣，都不利身心。

如果一個人持續地和你分享負面情緒，一定要有意識地與他保持距離。

每個人的生活中都有著各自的不如意，即使是朋友，也不該一直接受另一個人的「情緒垃圾」。你得了解，總是向朋友傾倒「情緒垃圾」的人，他只在乎自己。

我們可以幫助朋友，但並不能拯救他人。不要一味地犧牲自己去當別人的「樹洞」，就算你花大量的時間和傾訴者檢討已經發生的事情，也沒有辦法改變對方。

唯一能做的就是與對方保持距離，儘量遠離，不在無意義的溝通中確認自我價值感。

看不慣就不看，覺得不舒服就繞路走開，把寶貴的時間花在更重要的人身上、更快樂的事情上。

遠離變質的友誼，並不意味著你傷害了對方，而是解放了彼此。你守住了寶貴的時間，對方獲得了成長。

離開「毒舌」的人

　　有些人在社交時很毒舌，甚至還說些非常過分的話，如果你對此表示不滿，他就會用「我說話比較直，但我是為你好」這樣的藉口，來粉飾自己的言語冒犯。

　　他們把這種挑剔和毒舌行為，當作關係親近的一種表現。無論是你的糗事，你的不開心經歷，會在你們共有的小圈子裡人盡皆知。你做的一切，都可以被輕易地貶得一文不值……。這樣的友誼，其實就變了質。

　　交際是為了讓生活增添快樂，而結交這樣的朋友，卻會無限壓縮自己的快樂。

　　不帶善意的心直口快堪稱惡毒，而這樣的「朋友」，沒有必要往來。

④ 如何遠離無效社交

　　無效社交耗時耗神，要如何從中脫身？這是困擾很多人的問題，並不容易。有沒有相對簡單又有效的方法能達成目的？可試試以下方法。

優雅的成人謊言

　　適當的謊言是一種成熟的社交技巧，在進行人際關係斷捨離時同樣適用。

　　這裡所說的「謊言」並非真正意義上的謊言，而是彼此心照不宣的遮掩，是一種委婉的拒絕。

　　有時候謊言確實能夠讓你儘快結束一件事情，為你免去麻煩，減少一些不必要的牽扯。

比如，當別人問你一件很尷尬、很麻煩或者你不願意說的事，為了避免對方追根究底，你多半會下意識地在「我現在不想說這件事」和「我不太清楚這件事」這兩個答案中選擇後者。也就是說，無意中你已經向別人隱瞞了真相，撒了謊。

在人際往來時，在不傷害別人的前提下，適當運用一些小謊言，保護自己的私人空間，可以讓你擁有更舒適的人際關係。

疏遠，從不回應開始

想要不動聲色地與某個人拉開距離其實很簡單，就是抱著一種「我只看看，不說話」的態度，什麼都不說，什麼都不回應。比如，問你對某件事的態度，你可以不發表任何意見，或是被動地回應，減少積極回饋，不做任何多餘的事。

　　談到你不喜歡的話題，可默然一笑，不發表觀點或回覆，轉而做自己手上的事情，或者和別人聊其他話題，讓對方察覺到你的心不在焉。一旦對方在你這裡得不到回饋、自覺無趣，也就不會再有過多傾訴，慢慢地，你們的關係就會拉開距離。

疏遠，從不主動聯繫開始

　　如果你下定決心，要疏遠某個圈子、某個人，那就從不主動聯繫開始。

　　俗話說：「日親日近，日遠日疏。」天天在一起的人，關係自然要比普通人親近些。但斷了聯繫後，再好的感情也會漸漸疏遠。

　　要儘量少與其接觸，彼此不要有太多的交流，減少遊樂次數，慢慢地退出他們群體的社交活動。

　　若對方相約，可以找一個得體的理由拒絕。態度要委

婉，不要太強硬，儘量表現得像是真有事要忙，很遺憾
也很抱歉，讓對方自覺沒趣，又不至於太尷尬。

具體的行動：**降低聯繫頻率──拒絕線下聚會──朋
友圈子不再互動不見面──不再聯繫**。

合理利用社交潛臺詞

如今，「有空一起吃飯」這句話往往更傾向於是一種
「客套話」、一句可有可無的寒暄，在那些許久不聯繫，
突然找上門的人口中常常能聽到。他們也只是有需要的
時候才想起你。

若你不想維持這段關係，那就用委婉的方式拒絕吧！
比起「我不想和你吃飯」，「我那時正好很忙，改天再
約」要更好用。面對別人的請求或者邀請時，最恰當的
拒絕邏輯就是：先從情感上表示認同，再表明無能為力；
或是降低對方的期望值，順勢拒絕。

分辨人際關係層次

越來越多的人討厭無用的社交，卻因為面子、個人心理需求、未來需求、職涯發展需求、業務往來等原因深陷其中，使自己的心疲憊不堪。有些人際關係，既無助於物質增長，又無益於心智提升，不能開闊視野，也沒有什麼樂趣。更可怕的是，在某些人際交流中，我們並不能真實地表達自己。

所有的人際往來都有目的，無論是功利的，還是聯絡情感的，都不應該沉迷其中，而要有自己的看法和選擇。唯有認清圍繞在自己身邊的人際關係背後存在怎樣的關聯，才能對症下藥，採取不一樣的婉拒措施。

拒絕泛泛之交的請求，禮貌拒絕即可，不必過多解釋；拒絕朋友的請求，則要講明難處，試圖讓朋友理解；拒絕人脈關係的請求，要表明自己能力有限或資源不足，可適當為對方提供自己的想法和對策。根據不同關係選擇拒絕方式，更容易讓自己從心累的關係中抽身。

⑤ 人際焦慮斷捨離

　　在人際關係中，人的疲憊感僅僅來自那些不想結交的人嗎？當然不是。

　　與友善、溫和、聊得來的人結交，也會感到疲憊嗎？會的。有些人會在人際關係中持續處於焦慮狀態。

　　很多人認為人際往來的舒適度取決於相交的人。當然，與討厭的人相處，讓人痛苦不堪；與可愛的人在一起，會收穫不少快樂，但很多人卻忽略了內在因素。

　　社交中的疲憊感不僅僅來自人際關係的複雜，有很大一部分則來自於人際關係造成的精神內耗，進而催生出持續焦慮。

　　不可否認地，很多人對於人際關係很敏感、很焦慮，他們在所有的人際關係中都將自己定義為弱勢的一方。

所以，無論與什麼樣的人交際往來，都會感到很緊張、很疲憊。

我很弱小，害怕受傷，所以我必須隨時對人保持戒備；我不重要，害怕被拋棄，所以我必須盡可能做到讓別人滿意；我能力不好，害怕被淘汰，所以我必須努力表現自己；我不夠聰明，害怕被嘲笑，所以我必須和別人保持觀點一致……。

誘發焦慮的基本邏輯就是：我很差，所以我一定要做點什麼，才不會發生糟糕的事情。

人際斷捨離不僅是梳理和精簡與不同人之間的關係，還要為自己減輕情緒負擔。

首先，尋找一個讓你自身穩定且客觀的價值基準，避免時常內耗。找到自己的專長領域，在客觀事實和主觀意志上承認自己的優勢。比如，我擅長設計，能靠著自己的專長賺一份薪水，我的設計作品被印刷成海報、商品包裝，被客戶喜歡；我靠著自己的能力，嘗試斜槓賺外快等，都能確立自我價值。

其次，接受不完美也很重要。**接受自己不完美的前提，是要認清世界的不完美**。在這個不完美的世界裡，自己和別人一樣，都有優點和缺點。這是一件很平常的事情，沒必要對自己的缺點和不足之處反覆批判。那些不足之處，可以當成未來進步的空間。

最後，降低期待標準。我不必讓所有來往的人都喜歡，只需要真正合得來的人認可我就足夠了。即使是合得來的人，也不一定要認可我的全部，對方能認可我的優勢就足夠了。**逐步降低自己對社交回饋的期待，可以讓自己從人際關係的恐懼中抽離出來，將精力投入到真正有價值的事情當中**。

第五章

瀟灑地抽身

高效斷捨離的實用方法

run away from toxic

relationships

① 縮減人際成本，提高人際效益

養一盆花，要付出時間、精力，為它澆水施肥。買一杯咖啡，要支付相對應的金錢。

人生中的任何所得，無論是看得見的還是看不見的，都有成本，人際關係也一樣。有時候人際關係讓我們感到很累，是因為我們為此付出了過高的成本，卻獲得低價值的關係，故面臨雙向虧損的狀況。

如何在人際關係中轉虧為盈？ 幾個關鍵指標如下：

一、縮減人際成本。

二、精打細算地支出，做有價值的投資。

三、提升社交貨幣價值。

縮減人際成本

人際斷捨離中很重要的一點就是縮減人際成本的支出，這些成本的構成或許不明顯，但實際上，卻是一個人最重要的生命價值。包含以下幾種：

縮減時間成本：時間是生命的載體，如何花費時間就意味著如何支配自己的生命。在人際關係中，減少不必要的時間成本，代表我們將擁有更多可支配的時間。

縮減情緒成本：我們很容易對於熟悉的人、關係親密的人感同身受。但發揮同理心不是義務，過度支出情緒成本，容易消耗自己的內心。

縮減精力成本：與人相處，都得花費一定的精力。做好精力的分配和做好時間的支出一樣重要。

縮減物質成本：物質成本包含金錢、物質等一切實體支出。對人大方或許能得到他人的好感，但也很有可能只是單方面的消耗。

縮減資源成本：每個人或多或少都掌握一些資源，無

論是人脈資源或技術資源。但有忙就幫、有求必應，不僅會消耗你的資源，也會讓資源貶值。所以，資源成本應斟酌使用。

精打細算地支出，做有價值的投資

人際斷捨離的精髓並非絕世離塵、拒絕社交，或拒絕投入一切人際關係。而是要精打細算地考慮時間和精力成本，把它們花在更有價值的社交關係上。

現在社會節奏太快，大多數人每天都要面臨工作、家庭中各式各樣的問題。事情多、時間少，因此經營人際關係、參與社交，更需要考慮社交價值和時間成本。

面對總是敷衍自己的人，與其苦心經營卻得不到回應而悲傷，倒不如果斷放棄，讓彼此都輕鬆。因為在這種狀態下，自己的人際投資屬於零收入或虧損狀態。

所以，經營人際關係時更要精打細算，做個有眼光的「投資人」。與人相交，不存牟利之心，但總要收穫一

些價值。優質的、有價值的關係會讓我們在精神、情感、情緒、知識、認知、資源等方面得到滋養。

另外，在一段人際關係裡，除了得到「收益」，也要盡可能地做一個能提供養分之人，否則你也可能會成為朋友「斷捨離」的對象。

提升社交貨幣價值

決定人際關係往來的質與量的關鍵，是自身存在的價值，意即一個人被別人需要的程度有多大，而不是你能對別人多好。

一個真正強大之人，不會把太多心思花在取悅別人上，而是用於提升自己的內在，你把自己修煉得越強大，有助於提升社交貨幣價值。

當越來越多的人想認識、接近你，也就意味著你的交際圈越來越廣，選擇越來越多。

每個人的生命力就像塊磁鐵，你表現出什麼，它就會吸引什麼。**你是誰，就會遇見誰**，只有到了那個層次，才會有相對應的社交圈。

自己是梧桐，才會引來鳳凰；自己是大海，百川才會彙聚。若你想吸引能幫助你的貴人，那你就先做別人的貴人。這個世界上其實沒有所謂低層次的社交圈，與其埋怨自己的圈子層次低，不如先花時間反省自己。

強者善於改變自己，弱者只會抱怨遭遇。畢竟，決定你社交圈品質的人不是別人，而是你自身的價值。

② 果斷抽身的五種方法

沒有絕對不能失去的關係。如果一段關係讓你覺得很累，那就及時撤離，不要消耗自己。

「我真是受夠她了！」朋友阿姝向我抱怨她的某位朋友，她們從高中起就很要好，一直保持聯繫。但這些年她們都改變了很多，她和朋友在為人處世方面的差距也越來越大。最讓阿姝受不了的是，這位朋友總是要阿姝動用關係幫她解決各式各樣的問題。這一次，她要阿姝幫忙推薦工作，但她在面試時表現得很糟糕，沒有面試成功，所以又來向阿姝抱怨。

阿姝說：「這是我最後一次幫她了，以後她有什麼事情找我，我都不會再管了。」

然而這樣的話，我已經聽阿姝說了不只一次。因為她總是抵擋不住朋友的死纏爛打，無法從這種疲憊的關係中脫身。

我相信有類似情況的人很多。一方面抱怨令自己疲憊的人際關係，一方面又無奈地持續妥協。那麼該如何從這些糟糕的關係中脫身呢？

方法一：正視脫身的結果

很多時候，你沒能從一段糟糕的關係中勇敢抽離，是因為恐懼變化，因為恐懼未知的結果。**盲目的恐懼情緒，會把你困在進退兩難的狀態裡。**

為什麼阿姝會反覆遭遇這樣不愉快的經歷？其實，她只是陷在煩惱和問題中，根本沒有積極地解決。如果不能轉換思維，把自己調整到解決問題的模式中，下次再遇到同樣的情況，也只會重蹈覆轍。轉換思維最重要的，就是正視抽身的結果。也就是真正弄清楚，如果你

徹底捨棄與某人的關係，會失去什麼，又會帶來什麼樣的結果。

例如，我幫阿姝梳理了她和朋友的這段關係。學生時間的她們很要好，無話不談，但隨著兩個人的成長和改變，兩人在生活環境、認知與價值觀、處世方式等，很多方面都出現極大的差異，甚至已經無法接近，若繼續相處下去，只會矛盾不斷。所以，對於這段關係進行斷捨離無疑是最好的選擇。

那麼阿姝在捨棄這段關係之後，必須面對怎樣的結果呢？可能會有以下情況：

最壞的結果無非是，這位朋友會譴責她背棄友誼，會封鎖阿姝的聯繫方式，會向身邊人以及她們的共同好友抱怨阿姝不念情分。如果恰巧碰到面，可能還會對她冷嘲熱諷。

當阿姝把所有的結果梳理出來之後，並沒有找到有哪些結果是她不能面對或不能承受的。對於結束這段關係的糾結和恐懼也隨之減少了。

方法二：逐步抽離

在進行人際斷捨離時，除了剖析結果，脫離情緒的掌控也同樣重要。

在神經語言程式學（NLP：一種運用神經過程、語言和後天行為模式之間的聯繫，處理人際溝通、個人發展和心理治療的方法）中，有一個可以減輕外界事物影響情緒的方法，叫作逐步抽離法。

神經語言程式學認為，潛意識分為很多「部門」，每個「部門」負責不同的功能。

在逐步抽離法中，我們會讓兩個功能「部門」發揮作用。一個是情緒部門，負責情緒管理；另一個是策略部門，負責想辦法處理問題。

唯有讓這兩個「部門」進行溝通，各自負責工作，才能完成減輕負面情緒的任務。否則，兩個「部門」都一起負責情緒，就沒辦法解決問題。而抽離法就是讓兩者各司其職。一方面，接受自己因為疲憊的人際關係帶

來的情緒，認識到自己正為此很煩惱，並在情緒的驅使下，不斷地督促另一個「部門」想辦法解決問題。讓負責處理問題的「部門」尋找解決對策，列出實際方法，並且執行。

在這個過程裡，我們從一種被困在情緒和問題的狀態中抽離出來，並找到一條解決問題的路。

方法三：轉換視角法

有時候，同一個現實或情境，用某個角度可能引起消極的體驗，使人陷入心理困境；但從另個角度看，也許可以發現積極意義，使消極情緒轉化為積極情緒。

相信這個故事很多人都聽過。一位老太太有兩個兒子，大兒子賣傘，二兒子曬鹽。為了兩個兒子，老太太天天發愁。

每逢晴天，老太太就擔心：「這大晴天，傘不好賣了！」為大兒子愁。每逢陰天，老太太就嘀咕：「這陰

天下雨了，鹽要怎麼曬？」於是為二兒子愁。

老太太愁來愁去，日漸憔悴，終於抑鬱成疾，兩個兒子不知如何是好。

幸好有一智者獻言：「晴天好曬鹽，您該為二兒子高興；陰天好賣傘，您該為大兒子高興。」

如此，老太太果然轉愁苦為歡樂，心寬體健起來。

在審視、思考、評價某一客觀的現實情境時，學會轉換視角，換個角度看問題，才能在痛苦不堪的心理困境中找到出路。

任何事情都有得失兩面，在處理人際關係的問題時也同樣如此。當你苦惱於結束一段低品質的關係可能帶來的糟糕結果時，不妨把目光放在進行人際斷捨離後所能收穫的新價值上。如此，你將不再為消耗自己的人際關係而煩惱，能節省更多精力做自己喜歡的事，有更多時間陪伴真正值得深交的朋友……當你能夠轉換視角思考問題，會更加容易走出人際關係的困境。

方法四：拒絕內耗

很多人有這樣的體驗：考試還沒開始，就擔心自己考不好；工作稍有失誤，就擔心被炒魷魚；情人沒及時回消息，就開始胡思亂想⋯⋯。

當一個人陷入了這樣的內耗中，就很容易被焦慮、自責等負面情緒擊垮。

這種情緒代入到人際關係時，會更加糟糕。想要拒絕別人的請求時，自己就忍不住擔心與對方可能處不好；在對方表現憤怒之後，就想是不是自己哪裡做錯了；當對方反應冷漠時，馬上考慮如何找話題，主動化解尷尬⋯⋯這種內耗的焦慮會讓人疲憊不堪。此刻你要做的應該是「先讓自己行動起來」，無論你做什麼，打掃房間、整理文件，或只是洗個澡、出去散散步，都比持續陷入煩惱狀態來得好。

原因很簡單，情緒跟情境是高度相關的。

你躺著不動，一直停留在同樣的情境裡面，那麼情緒是很難轉變的，你只能慢慢等著它一點一點地消化、代謝掉。

但這種消化往往需要很長時間，最後你會覺得「又浪費了很多時間」，於是再次陷入負面情緒中……將自己困在泥沼裡，無法自拔。

很多時候，想，只能產生問題；做，才能得出答案。

當我們深陷內耗與負面情緒的閉鎖循環時，行動就是最好的良藥。真正聰明的人不做無謂的思辨，不在不值得的人和事上浪費時間。他們會選擇立刻為自己換一個環境。

你可以離開當下所處的環境，換一種場景；也可以改變當下的狀態，換一件事情去做。**變化，會讓能量流動，減少不必要的自我消耗。**

方法五：填補注意力的空白

不良的人際關係大都有一個共同特點：侵入性。

當你在工作或做其他事情時，不好的場景有時會突然闖入你的腦海，擾亂你的思緒、打亂你的節奏、影響你的專注力，使你感到筋疲力盡。

究其原因，是我們的大腦讓這些糟糕的場景有「縫」可「鑽」。當我們的注意力沒有完全被占用，當我們開始頻頻分心、思緒飄忽時，這些負面想法就出現了。

那麼，如何拒絕它們的「入侵」呢？一個有效的辦法是，讓自己忙碌起來，把注意力分散到其他地方。

忙碌可以鞏固我們的心理防線，抵禦人際煩惱的入侵，自然而然就減弱了影響力。但我們要合理地選擇忙碌的事情。

當我們受人際煩惱圍困的時候，容易產生煩躁情緒，此時改做一件更容易轉移注意力、讓人紓壓和放鬆的事，會比強迫自己去完成難度較高的任務，效果更好。

　　比如，看一部電影、玩一場遊戲、花三十分鐘整理房間、慢跑十五分鐘……要比完成一份簡報、寫一個總結等，更容易削弱人際煩惱對你的影響力。

　　其實，讓自己忙碌起來，就是一種注意力的鍛鍊。**當我們能夠主動地做好注意力的分配，也就不會被動地陷入人際煩惱中。**這樣便能讓自己的狀態變得清爽，讓自己的人生有序運轉。

③ 如何應對雜亂的社交資訊

在人際往來中，我們都會面對大量的社交資訊，這些資訊五花八門，包括有價值或無價值的消息、議論、抱怨、評價、請求……。

我們的大腦會對資訊做出選擇、過濾或回饋，並進行處理。面對這些資訊的處理能力，會對人際關係產生重要影響。

有時候我們的大腦太愛思考了，在處理這些資訊的時候高速運轉，甚至會對資訊過度進行拆解和思考。每當別人發表一個想法，就層層分析其中用意。

當別人欲言又止，就開始懷疑彼此的關係；當別人煩惱時，就過度發揮同理心；當別人分享見聞，就忍不住

參與討論；當別人提供新資訊，就覺得是大好機會。

　　這種混亂的資訊處理方式，顯然不會為我們帶來太多益處，更多的時候帶來的是無盡的麻煩和煩惱。

　　如何妥善處理雜亂的社交資訊？很簡單，先處理資訊源頭，清理負面資訊源是重中之重。

（1）清理總是對自己唱衰的負面資訊來源

　　當你滿懷欣喜地與身邊的人分享喜悅時，比如你貸款買了一輛車、一間房，總免不了會聽到一些令人不快的聲音：這車款式醜、性能差；這房子附近沒學區，生活機能或地段不好；你薪水不高，車貸加上房貸壓力太大了，日子會過得很拮据。如果你課業優秀，就有人說你是書呆子；你做著領月薪的穩定工作，又會有人說你收入太少；你找了一個家境相差太大的對象，還會有人說你們條件不對等，一定會分手……。

　　很多人說你不好，或許不是你不夠好，而是別人見不得你好。與這種人要保持距離，並且距離越遠越好。若是無法斷絕聯繫，那麼，不為此煩惱、不為此改變，過

好自己的生活，讓自己的狀態越來越好，就是最有利的反擊方式。當有人試圖貶損你的時候，代表你至少已經有某些方面走在他們前面。

（2）清理急功近利「販賣焦慮」的訊息源

有些人總是喜歡宣揚一些「暴富」、「速成」的成功學資訊。「三十歲月入百萬」、「平凡上班族白手起家三個月當上老闆」、「草根創業逆襲，身價上億」，諸如此類的資訊噱頭十足，卻為我們帶來「成功焦慮」。

不可否認，任何時代都有人因為搭上了趨勢，或天賦異於常人等原因而獲得某種意義上的成功。但對普羅大眾而言，這樣的資訊很難有正向價值，反而會讓人滋生焦慮。

如果身邊經常有人傳播此類急功近利的資訊「販賣焦慮」，這也是需要清理的對象。

（3）清理無效訊息來源

有人愛關注明星的八卦緋聞、別人的私事，甚至勝過於關注自身，還會一直和周圍的人分享這些資訊。當你

日復一日地被人灌輸這些無效資訊，會喪失思考能力，
也佔據了你的注意力。

建立高效的資訊處理思維

很多人之所以理不清人際關係，處理不好各式各樣的
社交資訊，是因為與人往來時，他們習慣按照過去的經
驗做出回饋。習慣答應別人的請求、習慣與別人一起抱
怨、習慣聽從別人安排……這是一種思維慣性，跳出這
種慣性的方法是改變處理社交資訊的思維。對於外界資
訊先分類，再回饋，形成新的資訊處理模式。

**正向資訊處理方式：甄別、做出反應、吸收，充分發
揮價值。**

優質的資訊：對於能幫助自己打開眼界的知識、觀點、
見聞等，抱著學習的態度去吸收。

真心的建議：對於真心為自己好的建議，認真聽取、
吸收，並給予回饋。

真誠的分享：對於真誠的資訊分享，耐心傾聽。

有價值的資源：合理使用有價值的資源，不投機取巧做價值對等的交換。

合理的訴求：對於對方所需的請求，提供能力範圍內的幫助。

負面資訊處理方式：過濾、遮罩，削弱其影響力。

負面評價：如果負面評價是針對別人，不去盲目附和；如果負面評價是針對自己，淡然以對，堅持做你想做且認為有必要做的事。

負面情緒：遮罩他人的負面情緒，盡可能地關注自身。

消極觀點：建立自己的心理屏障，保持自己的態度。

處理社交資訊就像整理房間裡的物品一樣，將不必要的雜物斷捨離，把有價值的物品分類整理、使用，讓自己獲益。即使我們不能完全做到理想狀態，但是可以透過調整，不斷趨近理想狀態。這個過程，不僅是整理了人際關係，也會成為更好的自己。

④制訂高效拒絕話術

在生活中，很多人明知道有時必須拒絕別人，否則只會困擾自己。但由於不知該怎麼拒絕對方，還是半推半就地答應了，最終讓自己心煩不已。

怎樣才能有效拒絕？每個人可以根據自己的情況準備一些固定話術。幾種思路如下：

話術一：盡力而為

表達自己會盡力赴約，但不一定能達成，保留餘地。

比如朋友約你晚上吃飯，你不想赴約，可以這樣對朋友說：「不好意思呀，晚上我已經約了別人。我先問問對方能不能改時間，然後再回覆你。」

　　這樣的說法，既可以讓朋友覺得你重視他，又免於直接拒絕的尷尬。

　　當主管交代你做一件事時，你可以和主管說：「好的，之前您交代的工作我正在趕工，忙完馬上去做。」

　　主管分派任務時，通常並不會想起你手頭是否有其他緊急或重要的事，所以你必須主動表明當下狀況，又展現了你願意為這份工作盡力的態度，柔性拒絕，好讓主管轉向做更合理的安排。

話術二：不可抗力

　　設定讓對方無法反駁的不可抗力。

　　比如一個交情普通的朋友，邀請你去參加他的婚禮。你可以這樣回答他：「我家親戚剛好也是這個時間結婚，我已經買了回老家的車票了！」

　　這樣的情況下，朋友也不好再說什麼，畢竟每個人都有自己的事情要忙，不過婚禮紅包恐怕是免不了的。

　　再如，朋友約你去逛街，若你不想去，可以說：「這
週我有急件工作要趕，想休假卻沒辦法耶」，說出自己
不能赴約的不可抗力，進而推掉不想參加的社交。

話術三：替對方想解決方案

　　倘若一位朋友向你借錢，你不想借錢給對方卻又擔心
感情生變，可以這樣回覆：「不好意思呀，我這幾個月
要繳的生活費用很多，實在愛莫能助。還是你問問別人
吧。」

　　這樣說既表達了自己的無能為力，又將對方的注意力
轉移到另一處，一舉兩得。

　　如果有同事說：「你做的簡報太厲害了，我有個重要
的簡報，想拜託你幫我做一下。」

　　這種情況下，你可以回覆：「我手頭有要緊的事情，
最近實在沒有精力忙別的。我的簡報是參考範本做的，
我可以把常用範本分享給你。」如此，把方法和工具授

予對方，就能巧妙地讓自己脫身。

話術四：提出限定條件

倘若你買了車，有同事想搭順風車，對你說：「聽說你買了新車，以後上班載我一程吧！」你可以這樣回他：「好呀，本來我還擔心每天的油費、停車費呢！你能幫我分擔一部分，簡直太好了。」

你得讓別人知道，請自己幫忙是需要付出一定成本的，這樣一來，對方也會自己掂量，是否要尋求幫助。

倘若有朋友找你借一筆數目不小的錢時，你可以適當地暗示利息是多少，多久還。先小人後君子，把醜話說在前面。這樣一來，就把壓力轉移到對方身上，由對方做取捨。

為自己制訂話術，可減少很多沒必要的社交壓力，也能將更多時間和精力節省下來，用來經營個人生活。

⑤如何搞定難纏的人

　　你的生活中有沒有這樣難纏的人？他把所有事情都往
最壞處想；你說東，他偏說西；你常常擔心他下一秒鐘
會突然爆發；他拒絕任何讓步和妥協，不會考慮其他人
的感受；當他加入你的會議、聚會、活動時，一下子就
會讓你感到緊張……。

　　如果和這類人糾纏不清，心情就會被攪得亂七八糟。
然而我們隨時隨地都有機會遇到這樣難纏的人，因為很
有可能就是我們的家人、朋友、同事、同學……。

　　難纏的人通常有一個共同點：以攻擊別人的弱點為樂
事，得理不饒人，要人丟盡面子才善罷甘休。通常，我
們會本能地嘗試改變這個人，但往往效果有限，因為當
你試圖改變某人時，可能會激起對方的反抗，事情也因
此變得更糟。

更健康、持久、有效的方法是
接納和堅持自己

（1）接納

任何時候，解決問題的前提都是「正視問題」。

你很討厭某些人或他們的行為，但你必須接受無法逃避他們的事實。例如，你的叔叔總喜歡以開玩笑的方式貶損你。你無法改變這種血脈關聯，無法迴避親友聚會，也無法阻止他與你的父親常常來往。

但是，你仍有可作為的空間，那就是改變自己對他們所做事情的反應。

激烈反駁、憤怒翻臉可能對於改變他們的行為沒什麼效果，那不妨試試冷處理。禮貌地打招呼後就找藉口去忙自己的事情，對於他的種種言行盡可能不做回應。總之，**從接納現狀開始，你就已經處在解決問題的路上。**

（2）堅持自己

其實，**與難相處的人相處的最好方法是堅持自己。**

這意味著你在被動欺凌和主動攻擊之間找到了平衡；這也是透過自我關懷和自我尊重，維護自己的立場，為自己撐腰；這更意味著告訴別人你的感受，設定好與人往來的界限，學會說「不」，直率地要求別人以不冒犯的方式對待你。

接納和堅持的策略或許不會讓你立刻感到愉快，但面對那些不穩定、易傷人和難以相處的人時，先將他們對你的影響降到最低，往往是有效的。

可能有人會問：倘若自己已經很努力地做到這兩點，但還是無法擺脫難纏的人該怎麼辦？

第一步：問問自己，這個人對我的生活重要嗎？

A. 如果不重要，請馬上遠離。

B. 如果重要，進行第二步。

第二步：問問自己，三至五年之後，這個人對我來說還重要嗎？

A. 如果不重要，請馬上遠離。

B. 如果重要，進行第三步。

第三步：問問自己，我能改變對方想法或要求嗎？

A. 如果能，那就試著去做些什麼！

B. 如果不能，進行第四步。

第四步：找到你與對方的共同點。

第五步：找到能激發對方最好一面的切入點，避開觀念不合的地方，以這種相對舒適的方式，低頻率地往來就好。

對付難纏之人的六種思維

對付難纏的人，多數人的選擇是迴避接觸，或在內心咒罵對方、和朋友抱怨等。但這並不能解決任何問題，只是徒增煩惱。這時最重要的就是「調整思維」，改變相處策略。以下是對付難纏之人的六種思維：

☆ 對他隱藏自己的觀點、態度。

☆ 別與對方爭論，也不要試圖證明自己是對的。

☆ 堅定自己的立場，避免掉進對方的邏輯陷阱裡。

☆停止談論與之相關的事，從思維深處淡化他對你的影響力。

☆保持距離，以最溫和的方式與對方保持疏離感。

☆不要讓對方的行為影響自己的情緒，而是保持平常心看待。

⑥ 對於 PUA 的反擊之道

PUA，完整名稱是「Pick-up Artist」，已經是一個大眾都不陌生的概念，原意是「搭訕藝術家」，現在普遍用於表示一方藉由精神打壓等方式，對另一方進行情感控制的行為。

操縱與被操縱可能發生在任何一種關係中，不僅限於男女關係，在職場上、學校裡、家庭中、朋友間⋯⋯也可能存在不同程度的 PUA。

比如這樣的場景：

主管經常對下屬說：「這麼簡單的工作都做不好，你連廢物都不如，哪家公司敢用你！」

妻子對丈夫說：「當初你追我的時候，某某也在追我，他的條件比你好多了⋯⋯。」

父母對孩子說：「你要讓你的弟弟妹妹」、「從小就這麼自私，長大還得了」、「比你優秀的人都沒聽過他們喊累」、「三十五歲了還沒結婚，到時候沒人要了」

朋友對你說：「你點的菜難吃死了」、「你真是太蠢了」、「你怎麼這麼傻」……

在這些對話場景中，往往帶有否定、貶低、打壓、洗腦的傾向。

很多時候，這樣的操縱很難被察覺。它們潛伏在日常生活細節中，一點點地打擊你的自尊心，降低你的幸福感，為你的心理健康帶來巨大的傷害。

沒有人願意被掌控。如果在與人相處時遭遇 PUA，該如何辨別、反擊？

首先，要對 PUA 保持一定程度的警惕，尤其是警惕「以愛為名」的 PUA。**真正的愛與關心，是從你的角度和利益出發的，能尊重和保護你。**而 PUA 的動機則是施暴者為了自己獲得滿足感，或是獲得利益。其次，

客觀地分析利弊。用邏輯拆解、分析問題，而不是從情感角度去看待問題。

如何徹底終結「以愛為名」的操控遊戲，擺脫一再退讓的惡性循環？

一般來說，能做到以下四點的人，很難被任何人PUA。

☆如果他人的索取行為讓你不舒服，及時拒絕比忍無可忍時才絕交的損失小得多，主動索取的人在本質上是貪婪的，很容易得寸進尺，因此長痛不如短痛。

☆不要幻想「天下有白吃的午餐」。如果有人主動給你什麼，先思考其動機。在利益上主動讓你占便宜的人，往往會在輿論上找到道德綁架你的機會。

☆掌握交友的主動權。與人打交道的過程中，拒絕被索取，並且時常保持一定程度的防人之心，這能使你免於遭人設計。

　　相對溫和的做法是有選擇性地付出，秉持「**我可以給，你不能要**」的原則。主動對你索取的人，很善於利用「登門檻效應（註）」；相對地，有需求卻不擅長表達的人臉皮薄，通常不會得寸進尺。在拒絕前者的同時幫助後者，既能避免對方變本加厲，又可以合理地付出自己的善意。

　　☆在交心之前，適當試探對方以自保。與人往來之初，可以嘗試主動分享部份私事，當成交談的話題，然後觀察對方的反應。相處舒服、願意付出的人值得交心，可繼續與其往來。若是吃軟怕硬，習慣找機會索取，利用你的弱點打壓你的人，就要及時遠離。同時，觀察一個人與其他人往來時的反應，同樣也可以看出對方的人品，當成自己的參考。

註：登門檻效應是指一種勸說方法，先提出一個簡單的小請求，等對方同意後再進一步提出較大的請求。

第六章

提升心靈世界的舒適度

如何斷捨離改善人際關係

run away from toxic

relationships

① 保持人際關係的「整潔」

有時候，混亂而疲憊的人際關係，就像是一間物品過多又亂糟糟的房子，如果住在裡面，想必沒有人會感覺舒服。不過，想要獲得舒適的狀態也很簡單，就是扔掉不需要的東西，接著整理房間。只是，收拾好的房間，往往才幾天的時間就又亂了，恢復成原樣。

可見，除了整理房間，保持整潔也很重要，它決定著我們是否能獲得持久的舒適度，人際關係也是如此。

那麼，怎麼保持人際關係的「整潔」？

遠離負能量

生活中總有一些充滿負能量的人，他們對人沒禮貌，

生活一團糟，大事小事毫無條理。

遇到這樣的人時，要與他們劃清界限，否則很容易被負能量籠罩。

你身邊是否存在著有事沒事就找你抱怨的朋友？比如和自己的男朋友相處不愉快、工作上遇到不順之事，或總說老闆很討厭、同事很小人、鄰居很可惡……剛開始你可能還會耐心勸導，但時間久了，一定會感到厭煩。

若細心觀察，你會發現愛抱怨的人幸福感很低，他們的情緒很不穩定，無法容忍別人的過錯，遇到一點不如意就怨天尤人。但人往往越是處於這樣的狀態，越容易遇到煩心的事。

情緒是會傳染的，在負能量的影響下，你很容易成為一個不快樂的人。

遇到這樣的人，一定要保持警惕。我們可以適度為朋友分憂解難，但無法成為別人的救世主，及時遠離負能量，才能擁有令人舒適的社交關係。

優先滿足自己的需求

想要獲得自由的人際關係，就得學會優先滿足自己的需求。

簡單來說，就是先成為真正喜歡的自己，才能吸引和你氣場相近、真正契合的人。

很多人為了交朋友，去看自己不喜歡的電影，選擇自己不喜歡吃的菜，接受別人推薦但並不適合自己的東西……。**他們在交際的枝微末節裡，屢屢放棄自己的需求，也放棄自我**。這樣的社交關係發展下去，只會讓自己感到壓抑和痛苦。

真正的朋友不會因為你的拒絕而遠離你，因為他們懂得你、尊重你，而且永遠不會強迫你。因此，尊重自己的需求，是建立高品質社交關係的關鍵。

尊重自己的需求，要從兩方面著手——確定自己需要什麼、喜歡什麼；以及確定自己不想要什麼。

表達自己真正的需求，拒絕接受所厭惡的、討厭的，才是真正的尊重自我。

擁有一個人也能活得很好的心態

吃一顆飽滿多汁的桃子，遠比吃光整籃壞掉的桃子更能讓人帶來幸福感。任何事物的品質，都不是數量可以定義的。

所以，朋友的數量並不能代表什麼，更不能當成衡量一個人幸福或成功與否的標準。

社交只是提高生活品質的一個途徑。如果一個人性格內向，有自己所愛的事物，並享受獨處的狀態，也就不必為了社交而改變自己。社交生活的豐富程度，不能決定人生的品質，社交的功用在於提升人生的幸福感。既然如此，如果和自己的內心打交道，能讓你享受獨處時光，感受到生命的樂趣與充盈，有何不可呢？

② 尊重不是件小事

　　我們常常會遇到一些令自己不舒服的事：和陌生人交談的時候，對方靠自己太近；不太熟的親戚催你結婚生孩子；同事沒打招呼就拿走了你的文具……。這些讓人不舒服的情境，其實隱藏著「尊重」的問題。

　　相反地，如果你與某人往來時，感到很舒服，那麼，你也必定是在這段關係中得到了充分的尊重。

　　尊重是件大事，卻往往顯現在小事裡。

保持舒服距離也是一種尊重

　　與人往來，適度保持距離就是尊重。

　　古人云：「遠而不疏，近而不狎。」人際往來需要保

持距離，但不能太疏遠；需要保持親近，卻又忌諱過於
狎昵。

這究竟是種怎樣的距離？其實並沒有標準，與他人的
距離如何掌握，要根據場合以及你的需求而定。

前提是要確立，**你希望與對方建立什麼樣的關係，對
於對方來說也是如此，把你的需求和對方的需求兩相結
合，就能找到合適的距離。**

當然這也是最令人傷腦筋的，畢竟每個人的距離感都
不一樣。把握距離感，就像踩蹺蹺板。有可能一端是親
密的，另一端是疏遠的，得小心翼翼地保持平衡。

有個很好用的方法，就是與人往來時確定雙方的界
限。在雙方介意之處取其中的最大值，在彼此都有興趣
的事情上，找到能深入的接觸點。

例如，對方從不提及家庭私事，即便偶爾聊到，也是
輕輕帶過，不會多說什麼。和這類人往來時，你就不提
或者少提，更不要過問對方的家事；如果你們都很喜歡
健身，便能深入交流這個話題。這樣也就在密切往來的

基礎上，又保持了舒服的距離。

　　與不同人交際時，從各方面都可以找到介意點和接觸點，慢慢地構建起以尊重為基礎的社交關係。

不強迫別人，也是一種尊重

　　來自陌生人的強迫，我們在反抗時不太會有心理負擔；一旦這個強迫者與被強迫者關係匪淺，又是以一種「為你好」的名義逼對方做出選擇時，這種行為似乎就變成理所當然，甚至不可拒絕。被強迫者會陷入一種被迫的痛苦中，即使想要反抗也是阻力重重。強迫別人做出選擇或者接受饋贈的行為，是從根本上否定了對方獨立的人格，把對方視為弱小者，當成自己的附庸。

　　我們別做那個被強迫的人，同時也要注意自己不要成為強迫別人的人。

　　例如，在不那麼親密的關係中，不隨意窺探別人的隱私；行動前不自作主張，先徵求他人的意見；對於親近

的人，警惕以「愛」和「關心」的名義進行占有、控制和干涉，充分尊重對方的意願和個人空間。

你可以自由地對人施以善意，但不能強迫別人接受善意，更不要在對方拒絕你的善意時，把拒絕當成把柄，站在道德制高點上指責對方。

尊重差異

很多人與他人來往時，會出現一種不易察覺的心理模式，他們認為與自己有越多相同或相似之處的人，便越是可信的、正確的。這顯然沒有道理可言，但很多人卻在不自覺中遵循這種心理模式。他們像糾正錯誤一樣，會扭轉別人和自己的偏差。這樣的心理模式無疑會讓交際變成一種束縛。朋友間的相似之處，是繼續深入往來的共舞之地，而彼此的差異，是需要被尊重的私人領地，是不可被塗抹的個性特徵。有以下幾項參考：

☆文化差異。由於地域差異、文化背景的不同，我們與人相處時，要注意尊重不同的風俗習慣。

☆性格差異。性格開朗的人往往能侃侃而談，允許別人靠近自己，他們也願意主動接納別人。而性格內向之人，可能心思比較敏感，與這類人相處時，要掌握好自己與對方的距離，尊重對方的界限感。

☆審美觀的差異。美無絕對的界定，就像用不同的角度看一座山，每個人眼中的美景各有不同。即便審美觀有差異或無法完全理解，也要保持尊重。

☆認知差異。受成長環境、知識、閱歷、經歷的影響，每個人對同一件事情的認知程度或深或淺，或解讀角度不同。在真誠地表達自我的基礎上，尊重認知差異是更加明智的選擇。

在人際往來之間，尊重通常會展現在小事上，但它本身並不是件小事。不被尊重的關係，早晚都會破裂。**用心經營好每一件小事，為自己營造一個充滿尊重的、有份際的人際環境，也是對自己最大的尊重。**

③讓你客觀判斷的交友準則

　　你有沒有過交友不慎，把生活搞得一團糟的經歷？我遇過一些人，和他們交談時，會覺得他們明白事理、思路清晰、見解通透。可是他們卻都有著被糟糕的朋友拖下水的經歷，甚至至今為止都不覺得朋友有什麼問題，有時候還會檢討自己。

　　在別人出現問題的時候，我們善於出主意，但到了自己身上，卻很難發現問題。這似乎成了一個常見的情況。人與人之間的情分，很容易讓人陷入非理性。

　　如何判定一個人是否值得深交？除了彼此的契合，更要適度遵守以下準則。

底線

底線是選擇朋友的第一準則，是一個人最基本的素養。損人不利己，對人惡毒，甚至觸犯法律底線的朋友不可交。

環境對人來說有著不可小覷的影響力，人際環境也是如此。有很多人本性純善，卻因為交友不慎，最後連累自己被捲進漩渦。

有的孩子曾經認真好學，卻被朋友帶得貪玩蹺課，成績越來越差；有的職場人士最初在職場上踏實認真，後來被朋友帶得渾水摸魚，隨便應付工作；有的年輕人原先積極向上、踏實奮鬥，後來被朋友帶得不學無術，踐踏道德，甚至知法犯法……。

當悲劇釀成的時候，悔恨也變得輕飄無力。

當初你只是選擇和一個不可靠的朋友往來，卻沒想到賠上的可能是一段寶貴青春，甚至是整個人生。**與任何人交際，千萬要守住自己的底線，所有可能將你拖下水**

的負能量屬性人士，都需要遠離。

責任心

　　與有責任心的人往來是什麼感受？踏實、舒服。

　　這是我向很多人提出問題時，得到的高度相似答案。當然，他們還分享了一些和有責任心的朋友往來時的相處細節。

　　「我休假出門玩之前，把貓咪託付給好友很放心，她會幫我照顧得很好。」

　　「他做事很穩當，出了事也不會逃避。」

　　「她答應的事都會做到，非常靠得住。就算做不到，也會提前告訴我。」

　　「上次出了問題，他第一個挺身而出承認錯誤。」

　　一個人的責任心可以展現在大大小小的事情上，尤其是出現問題和困難時。而那些遇事有責任心、有擔當的朋友，能給予我們強大的安全感。相反地，如果一個人

沒有責任心，總會帶來各式各樣的麻煩，又特別善於找
藉口搪塞，那麼和這樣的人來往，也會被捲入各種糟糕
的狀況裡。

思維

一個人的價值觀，以及很多人生選擇，都會受到周圍
人的影響。

長期處於消極的人際環境裡，身邊都是只求眼前利
益，或者愛搬弄是非、想法消極的人，那麼一些負能量
的東西也會悄無聲息地沉澱在你的腦海裡，無法拔除。

**而長期沉浸在正向的人際環境裡，結交具有正向思維
的人，人生諸事會呈現另一種晴朗狀態。**

任何環境裡都有正向思維的人，這樣的人是更值得深
度往來的。

正向思維就是一種積極思考、想辦法面對問題的思
維。遇到事情時，首先思考解決問題的方法，而不是討

拍和抱怨。正向思維的人會認真檢討、總結經驗，當成
借鏡。雖然他們也會為這些不順的狀況而煩惱，但也能
很快地從中抽離出來。

　　和這樣的人往來，也較容易打開自己的認知和格局，
嘗試從困境裡解脫。你會看到人生的希望，而不會輕易
地陷入消沉情緒。

　　你可以選擇與任何一種性格的人結交。但在選擇之
前，我們都要堅守準則，清醒地打造出適合自己發展、
充滿陽光的人際環境。

④ 接受變化，不斷改善社交圈

蘇軾的《前赤壁賦》裡有這樣一句話：「蓋將自其變者而觀之，則天地曾不能以一瞬。」這句話的意思是，從事物易變的角度來看，天地間沒有哪一瞬間是不發生變化的。天地萬物，時刻變化，人際關係亦如此。

所以，我們要勇敢地接受變化，並且學會不斷地改善我們的社交圈。

以下是改善社交關係的幾個小技巧：

（1）捨棄假裝的契合

為了融入某個團隊或某個圈子而完全放棄自己，假裝與別人契合，這無異於自鑄囚籠。

（2）捨棄無效人脈

剛步入社會時，很多人會想方設法擴張自己的人脈，

以為這樣未來才有更多機會。所以，我們馬不停蹄地參加各種聚會、發名片、加社群好友。但在自己沒有足夠交換價值的時候，其中很多都屬於無效人脈。

（3）捨棄不好意思

很多時候，與人來往，心裡會有些想法，然而話到嘴邊又咽了下去。因為擔心話說出來，可能會讓對方尷尬，產生不好的影響。其實你可以大膽一點，想瞭解什麼、想知道什麼都可以嘗試開口說說，或許在你說出口的那一刻，你會發現坦率並沒有那麼難。

你坦坦蕩蕩，對方可能還會更欣賞你一些，畢竟誰也不喜歡扭扭捏捏的人，欲言又止，不見得是好事。

（4）捨棄面面俱到

待人永遠不可能面面俱到。在社交活動中，人總是親疏有別的。所以，當你為了待人處事都要面面俱到而煩惱時，請及時拋開這些想法。如果想做到平等待人，對誰都一視同仁的話，將會耗費你太多的時間和精力。

（5）捨棄對社交軟體的依賴

你瞭解自己對手機的依賴程度嗎？你每天花費多少時間在社交軟體上？

在工作或學習中，我們總喜歡時不時地看看自己的社群軟體上的資訊並沒有我們想像得重要，很多人覺得自己忙、時間少，殊不知每天不知不覺浪費多少時間和精力在關注別人上。有意識地降低對社群軟體的依賴，也是進行人際斷捨離的高效選擇。

（6）捨棄強烈的好勝心

在與人交際時，難免會有比較心態。有進取心是好事，但如果時時刻刻都想超越別人，則會讓你變得疲憊不堪。比如看到朋友有名車豪宅，你就想要買比對方更好的；看到對方穿漂亮的衣服鞋子，你也馬上買比對方更好的。與其什麼都和別人比較，不如多想想自己有哪些可進步的空間、哪些地方做得不足，花時間和精力認真提升自己。選擇一個適合自己的生活節奏，才能真正掌控自己的人生。

我們在自己的人生裡，既沒有落後，也沒有領先，在屬於自己的時區裡，不需要和別人攀比。畢竟有的人一出生就在羅馬，有的人卻是走一輩子也到不了羅馬，但這並不會妨礙我們好好渡過一生。**每個認真努力的靈魂，都值得被尊重。**

（7）捨棄「抱歉」這塊擋箭牌

開會遲到、放了朋友鴿子、工作資料有誤……生活中有很多小事，似乎只要誠懇地說聲「對不起」就會獲得原諒，但「抱歉」並不是社交的擋箭牌。如果「抱歉」用得太多，會給人一種粗心大意、舉止輕率的印象，容易失去別人的信賴。

（8）捨棄虛假的客套

有人把虛假的客套當作成年人的社交禮儀。但事實上，虛假的客套只會讓人心生反感。保持禮貌，坦蕩大方地與人往來，彼此都會輕鬆許多。

⑤ 人際關係也有槓桿原理

　　阿基米德有一句至理名言：「給我一個支點，我可以舉起整個地球。」說的就是槓桿原理，而由此引申的槓桿思維也適用於各個領域。核心點就是以小的力量，藉由槓桿，撬動更大的資源。

　　在金融領域中，槓桿的作用是借助外部資金來放大自己的投資效果。以貸款買房來說，如果你手中有一筆錢，又向銀行貸款兩百萬元，買了一間一千三百萬元的房子。你就是用兩百萬元的槓桿，撬動了一千三百萬元的資產。

　　市場行情好的時候，你再將房子賣出，扣除各種費用後拿到五百萬元，再還掉銀行的兩百萬元本金和利息，實際到手的約有兩百多萬元。相當於你用自備款的成

本，加上兩百萬元的槓桿，最後獲利一百多萬元。這便是槓桿的作用。

槓桿思維在人際關係中同樣有效。我們每個人的能量，都可以透過人際往來找到一個合適的槓桿，放大箇中價值。

投資人際關係，為自己找到借力的支點

槓桿思維是一種借力思維，找到那個可以借力的支點很重要。而每位優秀的朋友，都可以成為一個支點。

結交積極向上的朋友，在朋友的感染之下，自己也會變得更好。

結交心態正面的朋友，在他們的鼓勵之下，我們可以擁有更好的心態。

結交在某方面特別優秀的朋友，在他們的影響之下，我們也可以提升某項技能，成為優秀的人。

結交思維靈活的朋友，在他們的帶動之下，我們可以

切換不同的角度去看問題，並應用到自己的生活中、工作中。

　　總而言之，結交優秀的朋友，有助於幫助自己成為更有魅力的人，讓自我價值最大化。

互相幫助，互為槓桿

　　有些人認為，利用人際槓桿去實現自己的目標就是要「巴結」別人，是一種不友善且目的性極強的社交互動。其實我們要意識到一點，讓人際槓桿發揮作用的前提是互相幫助，先要成為知心朋友，然後才能撬動槓桿。透過支點借力，並不是投機取巧地利用別人。犧牲別人的利益成全自己，是最糟糕的做法。

　　有效的方法是，在透過朋友借力的同時，也運用自己的優勢為對方放大價值。比如，某位朋友為你提供了難得的機會，你也可以在朋友為某件事煩惱的時候進一步提供解決方法。

另一個方法是，透過朋友借力放大自我價值的同時，為對方帶來價值。比如，某位朋友教你一項技能，那麼你可以在獲得好機會、好資源的時候，也將資源分享給朋友。

互相幫助、互為槓桿，使得彼此增益，自然而然會形成優質的人際關係。

⑥ 親緣關係斷捨離

你願意拜訪親戚嗎？

我問了一些人，得到的答案多是否定的（但一些長期陪伴，或者聯繫密切的個別親戚除外）。否定之後，人們往往會再講述一些令人苦不堪言的親戚故事。

尤其是年輕人，對於親戚之間的往來，更是感到煩惱甚至抓狂。

考試成績怎樣？有對象了嗎？什麼時候結婚？什麼時候生孩子？準備要生第二胎嗎？做什麼工作？月薪多少？買車了嗎？什麼時候買房？每月房貸多少？這些都是與親戚見面時常聽到的問題，而在你回答每一個問題後，還會得到一串語重心長的「長輩建議」。

除了催問年少一輩的事以外，誰家因為一些小事吵個

不停，誰家換了名車，誰家買了新房，誰家送禮小氣，誰家孩子特別不爭氣，誰家兄弟爭家產背後算計……也是親戚們常聊的話題。

雖然並不是所有的親戚都會如此，但對於大多數普通家庭來說，情況大同小異。特別是在過年期間，親戚帶給我們的焦慮比平時更甚。每當過年，都有不少人抱怨長輩們的聊天內容翻來覆去，各家情況各有不同，卻很容易引起共鳴。

與其他人際關係不同的是，親戚關係是建立在血緣基礎上的。然而親戚的素質有高有低，價值觀可能各不相同。那麼如何才能不再為親戚關係所困擾，如何對親戚關係進行斷捨離？

讓情分決定相處距離

雖然親戚關係是以血脈相連，但與親戚的相處距離應該依據情分來劃分。

　　感情好、相處融洽的親戚可以常互動，像朋友一樣相處。也有一種常見情況，是年幼時曾受到親戚中某些長輩的幫助和照顧，但隨著年齡增長，曾經是孩子的你已經長大成人，與親戚的很多觀念都不同了。

　　對於這樣的親戚，應該心懷感恩地尊重和孝順。見面時，長輩少不了嘮叨和囑咐，應該耐心地應對，逢年過節也應關心問候，以表記掛。

　　而常年無走動，價值觀又不合的親戚，可以儘量減少交集，如果在聚會上相見，也盡可能地減少交流。

保持界限感

　　親戚之間的很多矛盾往往是因為越界，打著「為你好」的名義，過度干涉別人的生活。

　　這時，低調行事、減少分享個人資訊為佳。向親戚分享的資訊越多，就越容易被干涉、被冒犯。如果被拉入「幸福一家人」的家族群組，又很難退群時，可以採取

如無必要，就一直保持「潛水」的狀態。在聚會見面時，多聽少說，微笑應承，儘量不分享自己的情況。

親戚關係不是責任關係

有求於親戚時，對方不幫忙也是合情合理。同樣地，如果你因為某件事而拒絕親戚，也無須懷有歉疚情緒。

親戚關係只是一種親緣關係，不是責任關係。幫忙是情分，不幫忙是本分。

但當親戚對自己伸出援手時，要記得償還情分，如果無力償還，記得心懷感恩。親戚關係不是索取的資本，總是貪婪索取的人，會被漸漸疏遠。

親戚是親人，也是他人。為親人提供幫助，力所能及即可，無須過度透支自己，把責任全攬上身。

親戚之間救急不救窮，親戚遇到難處可以幫忙出力應急，但如果對方不上進，只想走捷徑、占便宜，請果斷停止幫助，因為你的幫助很有可能餵養對方的貪婪。

第七章

不為滿足別人而活

如何防止人際關係惡性反彈

run away from toxic
relationships

①警惕「親密關係」入侵

　　和關係一般的人交際時，我們很容易保持原則和距離，相處起來也相對容易。一旦產生不舒適的感受，也能夠及時地調整。

　　但在親密的人際關係中，卻常常因為距離太近，而對對方干涉過多，或者受到對方干涉。有些人自然而然地抹除了一些原則和底線，把這當作關係親密的象徵，但這顯然是種侵犯。

　　所以，「親密」的人雖然會帶給我們更多的支持和幸福感，但也最需要警惕這種關係帶來的人際入侵。

「親密」並不意味著沒有邊界

有一種常見的情形：關係要好的兩個人因為某件事情產生了嫌隙，其中被冒犯的一方可能很惱火，而冒犯者可能會覺得對方有必要這樣嗎？竟然會為了這點小事生氣。甚至勸和者也可能持相同觀點，認為大家認識這麼久了，不至於為了這點小事鬧翻。

還有一些狀況是，比如父母看了孩子的日記，認為理所當然，只是在盡父母的職責。姊妹淘其中一方未經允許使用了對方的東西，認為對方不高興就是小氣，沒把自己當朋友……像這類事情在生活裡層出不窮。

為什麼會有這些情況出現？關係親密就意味著沒有界限嗎？對方做了讓自己不舒服的事情，就不應該介意嗎？當然不是。只是很多人並沒有認知到這一點，所以才有很多難以消除的人際苦惱。

親密關係指的是情感上的親密、精神上的共鳴。維繫親密關係需要的是關心、陪伴和幫助，但絕對不是「模糊自己的邊界」，舒服的親密關係建立在尊重彼此的基礎之上。所以，當有人打著親密關係的名義，入侵你的私人領域時，一定要保持警惕。

不管別人如何，你與關係親密的人相處時，需要先確立自己的心理邊界。簡單來說，對方哪些做法讓你感到不舒服，就代表這些做法已經觸碰到了你的邊界。

想和親密之人確立邊界似乎很難直接開口，但是，單純地忍受、抱怨和苦惱卻並不是明智的做法，因為那永遠不能解決問題。不妨換一種類似調侃，或者開玩笑的方式，把對方請出自己的心理邊界之外。如果幾次下來仍然行不通，那就正式地、真誠地談一談。

親密之人的意見不一定適合你

在生活中，我們遇到難以抉擇的事，會向親朋好友尋求意見，因為彼此之間的親近會形成一種較高的信任關係。我們在潛意識裡會形成「他瞭解我，我相信他」的心理模式。

親密會帶來信任，但主觀的信任並不等同於客觀上的正確、可靠。

在你考慮辭職時，親密之人可能會勸你：「想開一點，別鬧小孩子脾氣，要和主管打好關係。」但對你而言，你已經長期遭受職場打壓，情緒緊繃、痛苦不堪。

在你告訴親密之人自己打算拒絕某個聚會邀約時，他可能會說：「這是你建立人脈的大好機會，錯過就太可惜了」。

每個人都是獨一無二的個體，每個人的情況也各有不同。所以，即便是親密之人所給的建議，也要結合自身情況去做決定。

親密之人更容易影響你的判斷

越是關係親密的人，越有情緒相通點，以及思維的相似性。這種情緒和思維的相通和相似讓彼此關係緊密，但也容易影響你的判斷。

和男友鬧分手時，你和姊妹淘一起痛罵「渣男」。和某位朋友產生糾紛的時候，你和彼此的共同好友抱怨對方不義。和同事產生矛盾時，你和某位好友一起商量怎麼跟對方硬碰硬。

於是，在「親密」之人的參與之下，你做出了某些判斷和選擇。但事實上，當你處於情緒高張的狀態時，很容易受情緒影響而做出不夠理智的判斷。當你向關係親密的好友尋求意見時，你認為自己藉由好友的分析，而增加了正確性、客觀性。但有時候，你和親密好友有著相似的處世思維和情緒反應，雙重情緒疊加，反而會影響你的判斷是否恰當。

在聽取意見時，我們最需要的是第三種視角。這也是為什麼我們在多年以後，可能會對當初某個選擇產生悔意。因為，我們在成長和沉澱過後，跳出了當時的情緒和過去的思維，進而產生第三種視角。

親密關係讓我們在成長的路上有了陪伴、有了助力，但生活的核心、成長的動力都是源於自己。

② 「你變了」並不是「你有罪」

　　當我們下定決心改變過去的交際模式，與一些人保持距離時，常常會聽到抱怨、譴責，例如：你變了，你以前不是這樣的，你現在怎麼這個樣子……。

　　在這樣的「聲討」中，對方站在道德的制高點，將你的變化定義為一種背叛。在這樣的情況下，有些人會心生愧疚地「認罪」，並與對方恢復關係；有些人因為壓力倍感焦灼，對自己為改變人際關係所做的努力產生懷疑，人際關係越理越亂。

　　其實，當你認同了這樣的想法時，就已經掉進一種心理陷阱。**要知道，「你變了」並不是「你有罪」，對方更沒有指責你的立場和權利。**

一段舒服的關係需要兩廂情願

在一段高品質的人際關係中，絕不會只有一個人的付出，而是雙方都有努力。當一方選擇捨棄某段關係時，一定是經過權衡的，一定是在相處過程中感到不舒服，或者無法獲得任何現實價值、情感價值或情緒價值。

經營一段關係，需要兩廂情願的同時，也意味著每個人都有隨時退出的權利。因此，當你捨棄或者遠離一段關係時，要知道，這不是你的錯，這是你的選擇，這是你的自由。

在自己選擇離開時，不苛責自己；在別人選擇離開時，不指責別人。

改變是件有意義的事

變化是人生常態，生命中唯一不變的就是改變。變化是成長的必經之路，古人曾說：「易窮則變，變則通，通則久。」

在人際往來中，合理地分配自己的社交時間，調整自己的交際範圍，是為了打造更好的人際環境。

遠離長期輸送負能量的朋友，可以保護自己的情緒空間；遠離胡亂吃喝的飯局，可以節省更多的時間提升自我或陪伴家人；遠離愛談論是非的朋友，可以為自己節省更多精力，並保持獨立思考能力……。

所以，當你為了人際關係做的改變而愧疚時，不妨將自己的精力聚焦到改變的結果上。

改變並沒有「罪」，只是為了成為更好的自己。那些明知道一段關係已經對自己產生困擾，卻仍未做出任何改變的人，才是真正愧對自己。

　　人是感性動物，很容易受到環境的影響。在人際往來的過程裡，如果你已經決定進行斷捨離，就不要害怕別人的評價，你變化與否，與他人無關，要知道變化無罪。你要堅信自己的選擇，相信自己的判斷，將目光聚焦於自己的人生，才能在人際關係中真正獲得自主權。

③別害怕面對人性的惡

　　不可否認，當下有越來越多善於包裝自己的利己主義者。不管你的動機如何，事情做得好與壞，只要觸碰到他們的利益，就會引起對方怨恨。有時候，如果你很優秀，即便沒有損害他人的利益，也會惹人嫉妒。

　　人性是複雜的，「惡」是人性的一部分。

　　因為一些利益糾紛，你成了別人口中的惡人。因為你收入變高，便有人非議你收入的來源。因為你狀態越來越好，有人就偷偷在背後造謠。

　　如果你坦坦蕩蕩，卻正在或曾經被別人置於漩渦之中，你也無須懷疑自己、懷疑人生。我們無法迴避人性的惡意，但並不影響我們堅定地、努力地做自己。

人性的惡不過如此

尼采曾說過：「那些殺不死你的，終將使你更強大！」

我曾聽過一個畢業很多年的學生跟我分享，他沒有選擇跟好友合作某個專案，好友便心生恨意，在背後給他製造不少麻煩，讓他在行業內陷入危機。

那段時間他很頹喪。後來終於想通，痛罵朋友一萬遍，也不敵自己向前走一步更有價值。於是，他咬緊牙關、梳理問題，一步步地走出低潮期。在這個過程中，他結交了能同甘共苦的朋友，業務能力提升，手上的優質案子也越來越多。

我也曾聽過，有人為了多賺些錢，兼職做副業，和朋友少了聯繫，便被好友搬弄是非，說他賺的錢來路不明；有人沒有持續為親戚提供幫助，就被親戚惡言相向，明嘲暗諷他沒有人情味。

生活就是這樣，我們無法看穿他人的內心，無法避免遭遇他人的惡意。但是人性再惡，也抵不過強大的自己。

沒有人可以避免得罪他人

這世界上，沒有人能避免得罪他人。

無論你是什麼樣的性格，與人相處時，你可能什麼都沒有做，卻受到各式各樣的詆毀。

有些人會深挖你過去的祕密，讓你顏面掃地；有些人會搬弄是非，聯合別人孤立你；有些人會故意說三道四，把你渲染成一個糟糕透頂的人……。

甚至，生活中還有更多戲劇化的故事遠超乎我們的想像。比如，有人與人為善、幫助弱者，最後收到的卻是受助者的惡意。

面對這些惡意，最理想的選擇不是改變自己去討好別人，也並非與人糾纏不清，那只會讓我們陷入無盡的煩惱之中，失去更多珍貴的東西。

無疑地，斷捨離是能夠讓我們的人際關係輕裝簡行的最好方式。

④ 存在感的錯誤「刷」法

我們常會見到或聽到很多人以各種方式「刷」存在感。為什麼存在感如此令人著迷？

心理學家馬斯洛提出的需求層次理論提到，人類需求可以像階梯一樣從低到高按層次分為五種，分別是生理需求、安全需求、社交需求、尊重需求和自我實現需求。

從社交需求開始，就展現了人們對於情感和歸屬的需要，這是一種希望和他人發展關係、得到他人照顧和關注的心理需求，這正好是存在感發生的前提。

存在主義心理學家羅洛·梅認為，存在感是個人心理健康的重要標誌。存在感的缺失會使人產生無意義感，同時缺乏價值感。所以，想要被關注是人類正常的心理需求，「刷」存在感是為了滿足正常心理需求的活

動。每個人都有一定程度希望被關注的需求，但過度地「刷」存在感，則會惹人生厭。

過度表達，狂「刷」存在感

有的人十分健談，說起話來滔滔不絕。但如果總是不看場合、不分對象、不計時間地「刷」存在感，便是一種不當行為。

你是否遇到過這樣的人？聚會時，他總能聊得天花亂墜，炒熱氣氛本應是好事，然而每次他的聲音都很大，彷彿要把整個餐廳的目光都吸引過來一樣。

本來開開心心的一場聚會，高分貝的聲音卻搞得大家興致全失，眾人紛紛加快進食的速度，吃飽後就各自找藉口離開。下次聚會，如果聽到有這樣的人參加，大家便紛紛敬而遠之，找藉口拒絕。所以，「刷」存在感要注意分寸，不可過度，否則會適得其反。

透過社交圈增加自我價值

物以類聚，人以群分。人與人之間的往來，常常因為身世背景、生活習慣、職業不同，形成不同的社交圈。而不同的社交圈本身，也在某種程度上反射著圈內人的價值。也正因如此，有些人會選擇藉由融入圈子追求自我價值。

一位家庭主婦曾和我分享她的經歷。因為偶然的機緣，她參加某個圈子的聚會，這圈子裡的人過著精緻的生活，經常穿著高級服飾品茶、讀書、插花，讓這位家庭主婦非常羨慕。為了融入圈子，她做了很多努力，卻常常被拐著彎貶損、被嫌棄，甚至遭人埋怨。

一段時間後，她開始自我反省，才發現那個圈子並不適合自己，自己也從未融入進去。相較於看似精緻的優雅生活，她更喜歡自己研究美食，然後分享給家人和朋友。**做自己喜歡做的事，才是真正的優雅。**

　　所以，有的圈子看似美好，或者你無限嚮往，但不一定適合你，你強行融入時，在別人眼中或許格格不入。與其藉由不屬於自己的圈子增加自我價值，浪費更多的時間，不如真實地做自己、雕琢自己，提升自己的魅力，自然會吸引與你契合的人。

偽造人設標籤「刷」存在感

　　優質的人設標籤，在社交關係中會有更高的影響力。所以，很多人為了用優質人設標籤「刷」存在感，不惜偽造自己的人設標籤。

　　讀大學時，想必你一定聽過或遇過假裝努力的人。週末早上，他們早早起床，吃過早餐後就到圖書館占位。剛剛入座，他們便拿出手機，拍照片「打卡」。照片拍完之後，用軟體修圖，然後發朋友限動，配上文字說：「十年之後，你會感謝現在努力的自己！」

　　在限動「刷」完存在感後，他們滿意一笑，時不時就

看看有沒有人回覆，然後心不在焉地看看書，看了不到十分鐘，便趴在桌子上睡了一覺。

待大夢初醒，擦拭嘴角的口水，然後看看手機，已是吃飯時間。他們心想：「算了，先去吃飯，下午再來看書吧。」

「很努力」的人設標籤，只是給別人看的，對學業本身毫無意義，只是自欺欺人的荒廢青春。

還有現在網路上流傳的各種「名媛」照片，她們為自己打造「白富美」的人設標籤，去豪宅、高檔餐廳輪流「打卡」，參加各種上流酒會，然後拍下美美的照片發布到網路上。然而在現實中，她們也許只是一個生活在底層的模特兒，花錢輪流拍照「打卡」，不過是為了滿足自己的虛榮心，看有沒有機會釣到一個「黃金單身漢」。

這種「刷」存在感的方式，已經成為一種畸形的社交模式。很多人在打造人設的過程中，已經遠離了真實的自己。

透過攻擊別人「刷」存在感

站在道德制高點上指責或者攻擊別人「刷」存在感的人並不少見，在這類人的心理邏輯裡，這種方式能抬高自己、彰顯自己的正確性。除了在現實中指手畫腳，這類人更擅長躲在網路背後當「鍵盤俠」。

如今網路發達、通訊方便，在社交媒體平台上，我們總能看到「鍵盤俠」極其偏激的言論。因為很多人認為，在網路上肆意發聲、詆毀他人，並不需要付出代價，所以才會肆無忌憚地攻擊別人。

他們躲在電腦螢幕後面，在不瞭解事實的情況下，透過對他人進行言語攻擊「刷」存在感。已有太多人因為遭受網路暴力，被迫無奈走上絕路，這種行為儼然已成為一種社會毒瘤。「鍵盤俠」無根據地隨己意發表言論，也是一種存在感的錯誤「刷」法。

「刷」存在感不能採用極端做法，否則到最後，「刷」掉了自尊，也「刷」掉了自我。

⑤ 當你被人討厭時，記得為自己鼓掌

當你被人討厭時，你的第一反應是什麼？

有很多人會認為是自己哪裡做得不好，或者哪裡出了問題，就像是一種思維慣性。

對方態度不好，就反思自己是不是哪句話冒犯了別人；朋友不開心，就懷疑自己是不是哪件事做錯了；主管皺眉頭，就懷疑自己是不是能力很差⋯⋯。

在生活中很常碰到這類人，他們敏感、纖細的思維容易向內進行反芻。他們對於被人討厭這件事，有著強烈的壓力反應，先是自省，然後自責。

從某個角度看，「自我檢視」是好的習慣。但不斷向內挖掘，持續地自我批判，久而久之就造成了自卑。理性思考應該是多維度的，能夠站在不同角度看問題，用

多個層次看世界、多個視角看自己。

尤其是在人際關係中，**要知道，別人討厭你，只是別人的情緒反應，並不等同於你真的令人討厭。**

你為什麼會被人討厭

我們需要知道的是，在你沒有犯錯或失誤的前提下，也同樣會被討厭。所以，在人際往來中，大多數時候即使被人討厭，其實也與你無關。

有時被人討厭，可能是因為你的優秀遭到嫉妒。

不可否認，有時候優秀就是「原罪」，它會激起弱者的嫉妒、痛恨，這種情緒最終表現為討厭。

課業好的孩子會被一些人嘲諷為書呆子；升職加薪的人會被某些同事認定為靠特殊手段上位；買了豪宅的人會被誣陷錢財來路不明；成功人士也會被人評判性格怪異，諸如此類。

有時被人討厭，也可能是因為差異。

價值觀不同的人產生交集時，就算表面風平浪靜，人們的心裡也很可能產生了強烈情緒。

精挑細選送的禮物，可能會被對方認為寒酸；真誠地表達不同觀點，可能會讓對方反感；提出不同的解決方法，可能會被對方嫌棄多事……。

雙方認知差異帶來厭惡，這種事情太常見。因此，當你被人討厭時，並不代表你有人際交往障礙或者性格問題，很可能是你和別人有所不同，或是你已經在某些方面超越了別人。那麼，這就是一件值得慶幸的事。

討厭自己才可怕

無論你多麼努力，在這個世界上總會有人討厭你，所以，**被人討厭是件正常的小事，但討厭自己才是可怕的大事。**

有些人太會教訓自己，甚至討厭自己。

當他人表現出討厭自己或給負面回饋時，他們會和對

方站在一起討伐自己。「我太糟糕了！」、「我怎麼這麼蠢！」、「我真是太無能了！」、「一定是我說錯話了」，受到不公平對待和莫名批評已經夠可憐了，為什麼還要如此殘忍地討厭自己、欺負自己？

其實很多人在社交關係中、與整個世界相處的過程中，感到痛苦的根源就是這種自我摧殘。

自信需要日積月累，自卑也同樣是在日復一日的自我否定中形成的，在無數次「無意識地」討厭自己、批判自己、質疑自己的過程中，我們就是摧毀了重要的精神支柱。

不必為滿足別人的期待而活

你熱心地幫人排憂解難，會有人覺得你假惺惺；你寡言少語，又有人覺得你假清高；你太累了想「擺爛」調整一下，有人說你不思進取；你努力工作，又有人說你爭強好勝；你失意時，有人說你不夠拚；當你做出一些

成績了，又有人說你傲慢無禮⋯⋯。

你不可能讓所有人都喜歡你，因為我們不可能滿足所有人的期待。

被人仇視、被人討厭，並不是件愉快的事情，但同樣也不是件糟糕的事情。只要我們做好自己，那麼來自別人的「討厭」，終究只是別人的情緒。

不必為滿足別人的期待而活，忠於自己、守護自己、提升自己才是最重要的事。

在做好自己的前提下，「被人討厭」這件事似乎沒那麼重要，因為從本質上來說，那終究是別人的事。

我們沒辦法決定別人是否喜歡我們，但我們能決定的是，在未來的漫長人生中與什麼樣的人同行。而打破一切束縛、擁有真正自由的關鍵之一，就在於擁有「被討厭的勇氣」。

⑥ 另一種充實自己的交際 ── 閱讀

結交朋友以及經營人際關係，是一種提升自我的生活方式。但除了與身邊的人來往之外，還有一些極簡又令人舒適的交際方式，能為我們提供優質的生命體驗，比如閱讀。

閱讀就像交朋友

打開書就意味著可以瞭解不同作家的思想，走進不同的故事，認識一些故事的主角。隨著閱讀越加深入，你們之間的關係也就越密切。這種關係不用費心經營，就可以受益無窮。這些跨越了時間和空間的「朋友」，為你講述了一段動人的故事、一個奇妙的見聞、一門有價

值的寶貴知識。

作家楊絳曾在她的作品《隱身衣》中提到：「我覺得讀書好比串門兒——『隱身』的串門兒。要參見欽佩的老師或拜謁有名的學者，不必事前打招呼求見，也不怕攪擾主人。翻開書面就闖進大門，翻過幾頁就升堂入室；而且可以經常去，時刻去，如果不得要領，還可以不辭而別，或者另找高明，和他對質。不問我們要拜見的主人住在國內國外，不問他屬於現代古代，不問他什麼專業，不問他講正經大道理或聊天說笑，都可以挨近前去聽個足夠。」這樣相處起來非常舒服，又博學的「朋友」，何不多花些心思去結交呢？

其他「朋友」給予的力量

以交友的心態去對待閱讀，尋找一些志同道合的「朋友」，這必定會是一件讓我們受益無窮的事。

在人生中大大小小的時刻，這些「朋友」給予你無窮的力量。

當你為某些事情感到苦悶時，他會以一種寧靜的方式為你解惑。當你希望在工作領域更上一層樓時，他可以幫助你增加技能。當你為未來感到迷茫時，他可以幫你提升認知、確立目標。

除了閱讀之外，看電影、聽音樂、做手作……都可以收穫一種如同友誼般的情感。

結交朋友不一定要與人相交，只要是能為我們帶來正向回饋的交際方式，都是值得投入的。

與物相交，與事相交，投入時間、精力和情感，會讓你獲得全新的體驗。

　　哪怕你把一朵花當成朋友來經營，就像小王子澆灌他的玫瑰一樣，內心也會充滿幸福感。

　　況且，這樣豐富多元的生活方式，也讓生活過得更加有趣了，不是嗎？

後 記

　　當你打開這本書的時候，我相信你一定對社交的疲憊深有感觸。那麼，讀到最後，你打算怎麼做呢？

　　成長環境對人潛移默化的作用毋庸置疑。我們的出身不是自己可以選擇的，但我們的社交環境卻可以由自己打造。

　　這是一個有些擁擠的時代，資訊發達、節奏很快。我們很容易就能與其他人建立聯繫，於是我們結交的人越來越多。

　　雜亂的社交擾亂了本就忙碌的生活，人們倍感心累。而人際關係帶來的，不僅有來自社交的數量、頻率，還有來自認知、價值觀的差異。所以，「人際斷捨離」不僅僅是減少應酬，還要整理社交關係，從觀念上、思維

上、方法上的多元化調整。這必然是個循序漸進的過程，需要反覆的思考和實踐。而這個過程，也是將「被動社交」轉變為「主動社交」的過程。

你在人際關係中的自主權越高，你對人際關係的掌控度就越高，這種可控感會消除社交無力感，隨之你會發現，因社交產生的疲憊感也得到了很大的緩解。

另外，在人際關係的調整過程中，還有一點需要強調，那就是除了對周圍關係的整理，我們更需要關注自我提升。改善人際關係、提升社交環境品質的根本，就在於改善自我。**因為，你是誰，你就會遇見誰。**

請你從闔上書本的這一刻開始，積極從人際關係的苦惱、疲憊中抽離出來，進到解決問題的模式吧。

人際斷捨離・金句節錄

陪你打造清爽舒適的心靈空間！

第一章・人際關係的「綁匪」
是什麼讓你的社交如此疲憊

◆與其向外尋求陪伴，不如向內充盈內心。

◆過度的善良會成為弱點，成為別人侵犯的入口。沒有邊界的熱心，只會助長別人的囂張氣焰。

◆對於社交評價敏感的人來說，最重要的事情是找到自我，懂得區分別人口中的你與真實的你。

◆人情很貴，謹慎消費。

◆人與人的情分就像一個銀行，你取出來一點，就要存進去一點。

◆在人際往來中，你有時會迷茫，不知道自己想要什麼，想成為什麼樣的人；但 是你一定要知道自己不想要 什麼，不想成為什麼樣的人。

◆當你不再為了「合群」而合群，不再為了迎合別人而委屈自己，不再為了陪伴別人而犧牲自己，你才能成為真正獨立的個體。

第二章・心靈空間的清掃
如何透過改變認知釋放人際壓力

沒有必須幫的「小」忙。

你幫的「小」忙累積多了，我們的社交邊界就在這一次又一次無關緊要的小事中失守。

拒絕，並不是割裂彼此的關係，而是為了讓別人瞭解你的情況，清楚你的處境，藉此維持良性的、可持續的社交關係。

有時候，我們需要適度地當一個不那麼「可愛」的人。

一個人很難讓所有人都喜歡，卻容易在討好別人的過程中，慢慢變成自己討厭的樣子。

討好他人，是在自己的內心世界裡挑起一場「戰爭」，而受傷的只有自己。

你越是小步退讓，別人越會得寸進尺。

越是努力地討好，越會無力地失去。

第三章・整理人際關係的邏輯
如何制訂科學的人際斷捨離計畫

◆就算是最親密的家人，也不要「越界」。

◆即便是關係很好的同事，也不要觸碰職場禁忌。

◆人際斷捨離的目標不是不社交、不交際，社交的頻率與次數也和人際關係品質沒有直接關係，而是為了從中獲得更高的社交價值。

◆每個人的心裡都有一間房子，房子裡裝著自己的心理財產。而這間房子需要有明確的邊界線，就像院子需要有圍欄一樣。

◆起初與人往來時，就要及時展現自己的邊界，也就是確定自己在社交中最不能容忍什麼事。

◆失去的感覺並不好過，但不做改變，就註定在過去裡越陷越深，讓痛苦把自己越纏越緊。

◆有意識地分配社交能量，有目標地選擇得失，才能真正地掌握人生。

第四章 · 清理人際關係的死角
如如何應對難搞的情況

◆與人往來應保持真誠和善良，但永遠不要高估和任何人的關係。

◆你以為很重要 ≠ 別人也覺得重要。

◆不再糾結於人情冷暖，允許期待落空，這會讓你更容易擁抱真正的快樂。

◆人心是世上最複雜的東西，不經一事，根本不知道自己在別人心裡有多少份量。

◆遠離變質的友誼，並不意味著你傷害了對方，而是解放了彼此。

◆人脈是人脈，人情是人情。

◆人際斷捨離不僅是梳理和精簡與不同人之間的關係，還要為自己減輕情緒負擔。

◆逐步降低自己對社交回饋的期待，可以讓自己從人際關係的恐懼中抽離出來，將精力投入到真正有價值的事情當中。

第五章・瀟灑地抽身

高效斷捨離的實用方法

◆每個人的生命力就像塊磁鐵，你表現出什麼，它就會吸引什麼。你是誰，就會遇見誰，只有到了那個層次，才會有相對應的社交圈。

◆在審視、思考、評價某一客觀的現實情境時，學會轉換視角，換個角度看問題，才能在痛苦不堪的心理困境中找到出路。

◆你躺著不動，一直停留在同樣的情境裡面，那麼情緒是很難轉變的，你只能慢慢等著它一點一點地消化、代謝掉。

◆很多時候，想，只能產生問題；做，才能得出答案。

◆當我們深陷內耗與負面情緒的閉鎖循環時，行動就是最好的良藥。

◆變化，會讓能量流動，減少不必要的自我消耗。

◆從接納現狀開始，你就已經處在解決問題的路上。

◆真正的愛與關心，是從你的角度和利益出發的，能尊重和保護你。

第六章 · 提升心靈世界的舒適度
如何在斷捨離中改善人際關係

◆情緒是會傳染的，在負能量的影響下，你很容易成為
一個不快樂的人。

◆想要獲得自由的人際關係，就得學會優先滿足自己的
需求。

◆你希望與對方建立什麼樣的關係，對於對方來說也是
如此，把你的需求和對方的需求兩相結合，就能找到
合適的距離。

◆用心經營好每一件小事，為自己營造一個充滿尊重
的、有份際的人際環境，也是對自己最大的尊重。

◆與任何人交際，千萬要守住自己的底線，所有可能將
你拖下水的負能量屬性人士，都需要遠離。

◆長期沉浸在正向的人際環境裡，結交具有正向思維的
人，人生諸事會呈現另一種晴朗狀態。

◆親戚關係只是一種親緣關係，不是責任關係。幫忙是
情分，不幫忙是本分。

第七章・不為滿足別人而活
如何防止人際關係惡性反彈

◆親密會帶來信任，但主觀的信任並不等同於客觀上的正確、可靠。

◆「你變了」並不是「你有罪」，對方更沒有指責你的立場和權利。

◆在自己選擇離開時，不苛責自己；在別人選擇離開時，不指責別人。

◆生活就是這樣，我們無法看穿他人的內心，無法避免遭遇他人的惡意。但是人性再惡，也抵不過強大的自己。

◆做自己喜歡做的事，才是真正的優雅。

◆當你被人討厭時，記得為自己鼓掌。

◆被人討厭是件正常的小事，但討厭自己才是可怕的大事。

◆在做好自己的前提下，「被人討厭」這件事似乎沒那麼重要，因為從本質上來說，那終究是別人的事。

【讀後筆記】

人際斷捨離

學校沒教，但社群時代必修的人際關係整頓課
（隨書附贈：「負能量去去走」任意貼）

作　　者	辛華	
內頁設計排版	關雅云	
封面設計	木木 LIN	
責任編輯	蕭歆儀	

總 編 輯	林麗文
主　　編	蕭歆儀、賴秉薇、高佩琳、林宥彤
行銷總監	祝子慧
行銷企劃	林彥伶

出　　版	幸福文化出版／遠足文化事業股份有限公司
地　　址	231 新北市新店區民權路 108-1 號 8 樓
電　　話	（02）2218-1417
傳　　真	（02）2218-8057

發　　行	遠足文化事業股份有限公司（讀書共和國出版集團）
地　　址	231 新北市新店區民權路 108-2 號 9 樓
電　　話	（02）2218-1417
傳　　真	（02）2218-1142
客服信箱	service@bookrep.com.tw
客服電話	0800-221-029
郵撥帳號	19504465
網　　址	www.bookrep.com.tw

法律顧問	華洋法律事務所 蘇文生律師
印　　製	博創印藝文化事業有限公司

出版日期	西元 2024 年 6 月 初版一刷
定　　價	399 元
書　　號	0HDC0102
ISBN	9786267427521
ISBN	9786267427651（PDF）
ISBN	9786267427668（EPUB）

國家圖書館出版品預行編目（CIP）資料

人際斷捨離：學校沒教，但社群時代
必修的人際關係整頓課（隨書附贈：
「負能量去去走」任意貼）
／辛華著 . -- 初版 . -- 新北市：幸福文
化出版社出版：遠足文化事業股份有
限公司發行 , 2024.06
　面；　公分
ISBN 978-626-7427-67-5（平裝）
1.CST: 人際關係

177.3　　　　　　　　　113005713